Fritz Fenzl

Magische Orte in Bayern

Fritz Fenzl

Magische Orte in Bayern

rosenheimer

Inhalt

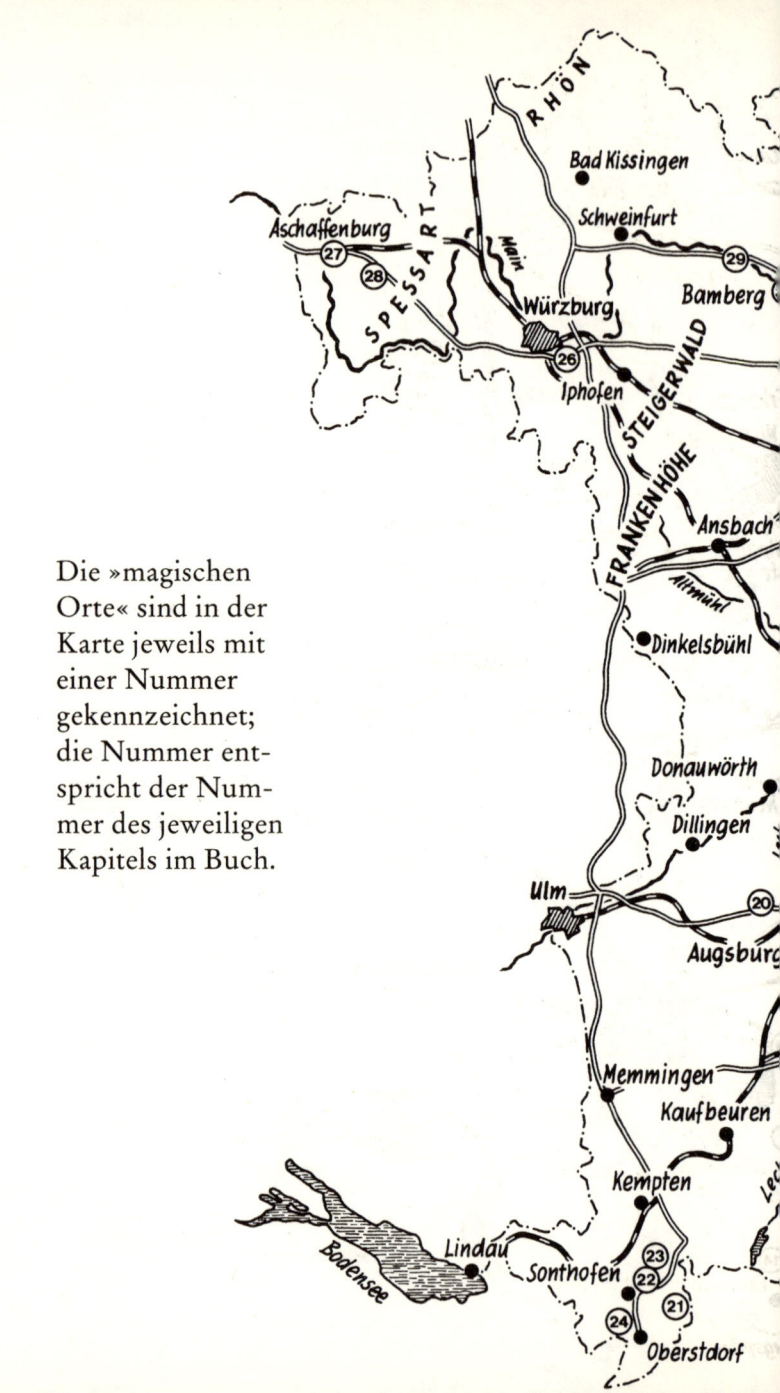

Die »magischen Orte« sind in der Karte jeweils mit einer Nummer gekennzeichnet; die Nummer entspricht der Nummer des jeweiligen Kapitels im Buch.

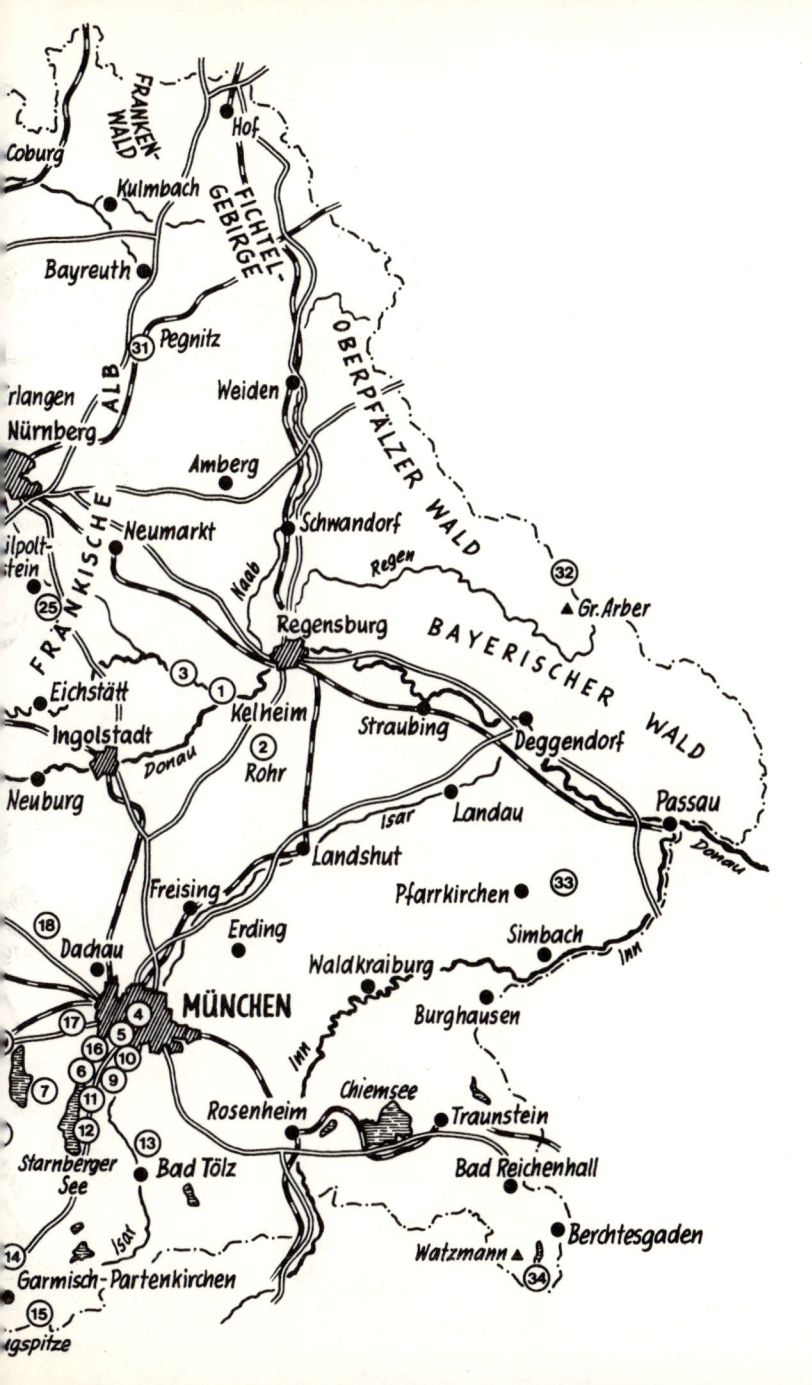

Von Magie, Strahlung und Schwingung des Ortes

Ein paar Vorbemerkungen

»An Kraftorten Energie tanken«, das ist das Motto dieses Bandes. Ausgewählte – und sorgfältig, mit allen Sinnen besuchte – Beispiele zeigen, wo die »Magie des Ortes« besonders wirksam ist.

Die Auswahl eben dieser Orte wurde bewusst intuitiv gestaltet, »lockende« Stätten sind bevorzugt. Überraschenderweise ergeben die Schnittlinien zwischen den Kraftplätzen immer das Rautenmuster, den Kreis, das Pentagramm; zumeist jedoch ein Kreuz.

Neben der für so ein Thema unabdingbaren Intuition, die federführend bei der Auswahl bestimmter Stätten Pate stand, haben kundige Berater auf den Autor eingewirkt, oft geweihte Herren, auch einmal Anhängerinnen oder Anhänger moderner okkulter Richtungen, manchmal waren Heiler verschiedener Couleur dabei.

Auch christlich geprägte Schauplätze – zumeist sind dies Orte, die immer schon als Kult- oder Opferplätze bekannt waren und dann »ver-christlicht« wurden – spielen eine ganz besondere Rolle.

Der Leser, der sich wie ein Pilger auf die Suche begibt, wird am Ort fast immer eine Baulichkeit vorfinden – zumeist eine Kapelle, eine Kirche, einen Stein, ein Wegkreuz, einen Feldstein, ein Marterl oder Ähnliches.

Manchmal ist es nur ein Kreis aus Steinen, den Anhänger des modernen Okkultismus errichtet haben, vielleicht in einer Vollmondnacht.

Der neugierige, vielleicht auch seine Neigung zum »Verborgenen« spürende, vor allem der zu feinerer Wahrnehmung fähige Leser wird an harmlose und zumeist naturverbundene okkulte Traditionen herangeführt, er wird durch die Lektüre des Buches die wichtigen Tage des Jahrs von selber herausfinden, etwa die Nacht zum 1. Mai (Walpurgisnacht) oder Samhain, die Nacht vor Allerheiligen (Halloween).

Er wird im Laufe seiner Wanderungen und Erkundungen »Schwitzhütten« entdecken, wird sich über die Eigenartigkeit bewusst im Wald ausgelegter Hölzer nicht mehr wundern und all die verborgenen Signale lesen können – ohne einschlägige Literatur zu kennen, denn hier ist vieles Intuition und wird von allen verstanden, die das Gefühl dafür haben.

Übrigens: »Schwitzhütten« sind an besonderen Stellen im Wald errichtete niedrige, spitze Häuschen aus Zweigen und wundersamem Astgeflecht, in denen zu bestimmten (Nacht-)Zeiten moderne »Hexen« ätherische Öle auf erhitzte Steine gießen. Den anschließenden »Flug im Geiste« machen Sie, liebe Leserinnen und Leser, lieber nicht mit. Freuen Sie sich aber, wenn sie solch eine Hütte finden. Das ist immer ein Kraftort der feinsten magischen Sorte.

Haben Sie sich schon einmal über schwarze, weiße oder rote Bänder gewundert, die sie auf Waldspaziergängen entdeckten, wie sie um Zweige gewunden waren und im Wind wehten? Es sind »Wunschbänder«, oft mit liebevollen Verknüpfungen versehen. – Freuen Sie sich, Sie stehen auf einem magischen Platz.

Intuition ist alles! Und noch einmal: Sie, liebe Leserin, lieber Leser, müssen keine besondere Vorbildung in Sachen »Kraftorte«, »Magie«, »Heilungswissen« mitbringen! Geben Sie sich dem Gefühl hin, durchaus auch der reinen Freude an der Natur und ihrer stummen Sprache.

Dieses Buch bringt anhand ausgewählter Beispiele
– die Beschreibung des *Ortes*, der *Gebäude* (Kapellen, Wegkreuze, sichtbare Zeichen …)
– die Beschreibung der *Besonderheit* des Ortes
– die Beschreibung des *Anfahrtsweges* (»Wie komme ich hin?«)
Dabei wird bei dieser Beschreibung insbesondere eingegangen auf folgende Einzelheiten:
– die an solchen Orten fühlbare *Wahrnehmung*, also alles sinnlich Erfahrbare: Was wirkt wie?
– den *Volksglauben*, der sich um diesen Platz rankt (falls zur Erhellung der Phänomene nötig)
– eventuell alte *Traditionen* vor Ort, wie zum Beispiel Opfertraditionen bei Keltenschanzen.
– die *christliche* beziehungsweise die *okkulte Einbindung*.

Zusammenfassend lässt sich feststellen: Es gibt »magische Orte«, diese lassen sich finden (das vorliegende Buch möge eine Anleitung sein).

In der Mehrzahl der beobachteten Fälle hängt das Phänomen der »Kraft«, die hier wirkt und für Sensible spürbar ist, mit *Wasseradern* zusammen!
Wasser …
Fast immer ist »Wasser im Spiel«. Hierüber – über die sichtbare und verborgene Kraft des Wassers und der Wasseradern – ließe sich wohl ein ganzes Werk schreiben. Hier, zur Vereinfachung: Wasser ist das Urelement der Lebenskraft – und Wasser, falls es sich in der Nähe befindet, ist spürbar! Sehr deutlich sogar. Jeder Wetterfühlige kennt das Phänomen: Bevor Regen fällt oder Schnee, »zieht« es, in den Gliedern und im Gemüt. Mit entsprechender Begabung und einiger Übung kann man unterirdische Adern und Quellen erspüren, und wenn die Kraft positiv ist, dann »fühlt man sich einfach rundum wohl«.

Doch nun zu einem Begriff, der uns bei der Beschäftigung mit dem Thema Kraftorte immer wieder unterkommen wird: Was verstehen wir unter »Schwingung des Ortes«?
Alles, was ist, obliegt einem regelmäßigen Hin und Her, sei es im materiellen, im geistigen, feinstofflichen oder mentalen Bereich.
Wir nennen es »Schwingung«. Jede Schwingung im Raum überträgt ihre schwingende Energie auf andere Körper, die fähig sind mitzuschwingen. Das funktioniert auch unter Menschen, die bereit sind sich auf bestimmte »abgabebereite« Mit-Individuen »einzuschwingen«: Man spricht dann von »Sympathie« – und meint damit, dass »die Schwingung stimmt«.

Das Mitschwingen-Lassen funktioniert oft auch ohne das Wissen oder den Wunsch des »Mit-Schwingers«: In diesem Falle wird mit Schwingung manipuliert – ein Fall von Magie.

Nicht zueinander passende Schwingung empfinden wir als Antipathie. Wir fühlen uns unwohl und können nicht sagen, warum.

Dies alles trifft nicht nur für Menschen untereinander zu: Es gilt auch für die Landschaft und für bestimmte Punkte im Landschaftsgefüge.

Die »Schwingung« stimmt – oder sie stimmt nicht! Individueller gesagt: Die betreffende Schwingung passt zum Besucher der Örtlichkeit – oder nicht.

Die Wissenschaft der *Geomantie* befasst sich im Besonderen mit den Kraftfeldern der Erde, dem »Gitternetz« der Kräfte und der Polarität unserer Planeten. Geomantie ist die Kunst, Energiefelder der Erde mit Bewusstsein wahrzunehmen und diese Wahrnehmung kreativ oder heilend umzusetzen.

Dies alles ist nicht neu, es wird in unseren Tagen nur wieder entdeckt. Denn Heiler und Weise aller Kulturen wussten um diese Dinge und arbeiteten damit.

»Orte der Kraft sind natürliche Energiezonen; vor allem in der Natur sind sie keine Seltenheit. Kraftlinien überziehen unseren Globus und jede Region, jedes Land schwingt inmitten eines Ozeans von universeller Lebensenergie.« So sagt es Blanche Merz, eine Frau, die sich ihr Leben lang an magischen Orten aufhielt. Sie versuchte Kraftorte technisch zu messen.

Wir wollen uns aber in dem vorliegenden Buch ganz aufs Gefühl verlegen: So einfach wie möglich!

Pater Frumentius Renner, ein kluger Benediktiner mit großer Erfahrung, sagt über Kraftorte, magische Stätten und geweihte Plätze:

Man war bestrebt, womöglich über dem Platz des Martyriums ein Heiligtum zu bauen, in dessen Mauern das Grab des Märtyrers seinen Platz fand. Es war ja doch der ganze Bezirk, wo der Märtyrer starb, ein heiliger, geweihter Ort.

Wie tief dieser Glaube war und welche Ehrfurcht vor solchem Ort die Christen der Antike beseelte, offenbarten die archäologischen Grabungen unter der Peterskirche in Rom unter Papst Pius XII.

Nur mit größten Mühen gelang die Planierung und Fundamentierung für die Petrusbasilika, über der der heutige Petersdom steht. All diese Anstrengungen wurden unternommen um den heiligen Bezirk des Martyriums des heiligen Petrus als Gnadenort möglichst in seiner Gänze zu erhalten.

Allen meinen Lesern wünsche ich, dass sie bei der Erkundung der »Magischen Orte in Bayern« viele interessante Entdeckungen machen und positive Erfahrungen sammeln mit den dort wirkenden Kräften!

Doch nun genug der Theorie. Der vorliegende Band soll weniger theoretisieren und spekulieren, sondern einfach das Gefühl zulassen.

Jetzt schon viel Vergnügen!

Wie der Ort dann auf Sie wirkt, das allerdings müssen Sie selber erfahren – jeder Mensch ist anders.

Auf gute Gesundheit!
Fritz Fenzl

1 Magie pur am zentralen Punkt Bayerns

Die Befreiungshalle bei Kelheim

Noch mehr »Magie des Ortes« als hier ist kaum möglich! All die zahlreichen Besucher, die täglich den Prachtbau König Ludwigs I. auf dem Michaelsberg bei Kelheim besuchen, sie werden wohl kaum ahnen können, auf was sie sich da einlassen.

Dem Kundigen genügt indes ein einziger Blick auf Architektur, Kreissymbolik und Lage (von der darin enthaltenen Zahlensymbolik noch gar nicht zu reden), um sehen zu können, dass dieser Bau ganz bewusst an solchem Ort und in solcher Form angelegt wurde.

Geschichte, Vorgeschichte, Kraftort-Magie ...

Eine Hinweistafel gleich bei den Parkplätzen gibt Auskunft und sollte jeden Besucher stutzig machen: Dies hier war immer schon ein Stück Erde, das Wissende und Herrschende zur Entfaltung und Erhaltung ihrer Macht benutzt haben.

Seit Urzeiten bestand eine Fliehburg, zunächst gegen die Ungarnhorden. Der keltische Wall, der etwa im 2. Jahrhundert vor Christus entstanden war, wurde dann für den neueren Kultbau erhöht und verstärkt. Übrigens soll die alte Stadt der Kelten an diesem Ort »Alkimoenis« geheißen haben. Besonders interessant: Funde aus der älteren Bronzezeit deuten auf eine noch ältere Befestigungsanlage hin!

Nach meiner Meinung handelt es sich bei der Befreiungshalle und noch mehr dem Platz, auf dem diese bewusst errichtet worden ist, um den aufregendsten und wirkungskräftigsten Kraftort in ganz Bayern.

Vieles kommt da zusammen. Und die zentrale Lage ist sicherlich nicht zufällig! Ein Blick auf die Karte genügt.

Der amtliche Führer zur Befreiungshalle schreibt: »Der Michaelsberg bildet, in der Flussecke zwischen Donau und Altmühl, den äußersten Ausläufer der sogenannten ›Altmühlalp‹. An diesem Platz sind schon in der jüngeren Steinzeit und dann später in der Bronze- und Hallstattzeit menschliche Ansiedlungen entstanden, von denen noch drei Ringwälle teilweise erhalten sind.«

Seit Urzeiten also hat man gerade auf diesem Platz machtvolle Befestigungsanlagen erbaut. Vielleicht ein Hinweis darauf, dass man immer schon um seine Kraft und Magie wusste.

Vor diesem Hintergrund staunen wir, wie konsequent der Baumeister Klenze das Spiel mit Magie und Zahlensymbolik aufgenommen hat.

Der gewaltige und schon beim ersten Erkennen das Unterbewusstsein gewaltig beeinflussende Rundbau steht auf einem dreistufigen Sockel von sieben Metern Höhe, an der Ostseite führt eine Freitreppe mit 84 Stufen »nach oben«. Und dann die Zahl 18, also dreimal die 6 (»666« steht in der Johannesoffenbarung als Zahl des Tieres, also der Macht des Fürsten der Welt)! 18 Ecken hat die Sockelplattform, der gesamte Bau ist ein Achtzehneck …

Laut dem amtlichen Führer »ist dem Bau die Zahl 18 beziehungsweise ihr Vielfaches als symbolischer Hinweis zugrunde gelegt: Der Grundriss des ganzen Bauwerkes bildet ein Achtzehneck, damit zusammenhängend im Äußeren 18 Strebepfeiler, 18 Statuen der Volksstämme, 54 Säulen im äußeren Säulenumgang und darüber 54 Balusterpfeiler. Im Inneren 18 Nischen mit 18 Wandpfeilern, zweimal 36 Säulen am oberen Säulengang, Inschrifttafeln für 18 Feldherren und 18 zurückeroberte Festungen, 36 Felder im Gesamtsims, 252 vertiefte Kassetten in der Kuppel.«

Magie und Schwingung: Innen in der gewaltigen Kuppelhalle öffnet sich die Mauerschale über dem mehrfach gegliederten Sockel in 18 Nischen, die Akustik ist umwerfend, selbst leiseste Töne verstärken sich: Magie des Ortes!

Wie gesagt, die meisten Besucher sind sich überhaupt nicht im Klaren, auf was sie sich da einlassen.

Ein näheres Eingehen auf die Geschichte des Baues, die Rolle von König Ludwig II., auf die Baumeister Gärtner und Klenze, würde den Rahmen des vorliegenden Buches sprengen.

Der Michaelsberg ist ein klassischer magischer Ort mit einem »sprechenden« magischen Bauwerk darauf. Sicherlich genügen die Anregungen in diesem Text um dem Leser einen ganz neuen Zugang zu dem Ort zu erschließen, so dass er das Gebäude ganz anders genießen kann, als die große Menge der herbeiströmenden Touristen dies tut!

■ Wie komme ich hin?

Mit dem Auto: A93 zwischen Dreieck Holledau und Autobahnkreuz Regensburg-Süd oder Hausen. Über Saal gelangt man nach Kelheim.

Mit öffentlichen Verkehrsmitteln: Die Anreise ohne Auto ist etwas umständlich. Vom Bahnhof Saal an der Strecke Ingolstadt–Regensburg fahren Busse nach Kelheim. Von dort zu Fuß zur Befreiungshalle.

2 | Ein christlicher Ort mit außerordentlicher Kraft

Rohr, Klosterkirche Maria Himmelfahrt

Heute begeben wir uns an einen recht bekannten niederbayerischen Wallfahrtsort. Der Besuch von Rohr lässt sich bestens mit dem »magischen Dreieck« Weltenburg / Pürkwang / Rohr verbinden. Und auch die im folgenden Kapitel beschriebene Rosenburg bei Riedenburg im Altmühltal ist nicht weit!

Manfred Dimde, der profunde Kenner von Pyramiden- und Ortsmagie, schreibt in einem neueren, äußerst empfehlenswerten Buch mit dem Titel »Die Heilkraft der Kirchen«, der gesamte Komplex von Rohr befinde sich »auf einem Punkt, der dem Besucher Euphorie und Optimismus einflößt und die Psyche auf ›himmelhoch jauchzend‹ polt.«

Liest man in einschlägiger Literatur über das traditionsreiche Kloster nach, fällt auf, dass bereits Papst Innozenz II. Rohr unter päpstlichen Schutz nahm und Friedrich I. diesem 1158 kaiserlichen Schutz zusicherte!

Man beachte: Dies ist das Gründungsjahr Münchens und bei Friedrich I. handelt es sich um keinen Geringeren als den legendären Staufer Friedrich Barbarossa, der auf dem dritten Kreuzzug 1190 den Tod im Saleph fand.

Das ist eine Zeitspanne, die dem Liebhaber magischer Orte stets erneut auffällt: Viele dieser Stätten stehen, was die Zeit der Entdeckung, Bebauung oder

…andlung ebendort betrifft, in
…menhang mit der Kreuzzugs-
…elritterbewegung. Geheimwis-
…nde: Brauchen sie Kraftplätze,
…oftmals verborgene) immense
…tfalten?

…les Ortes, zur Kraft, in diesem
…nobenwerden!«
…k auf das herrliche »Theatrum
…umes, also auf die herrliche
…rung einer heiligenden Hand-
…dem Grab und fährt auf in den

…e 1723 von Cosmas Damian
…von Egid Quirin Asam ausge-
…chickte Armierung der überle-
…e aus dem Grab aufsteigt, also
durch eine unsichtbar angebrachte Halterung, die
den Blicken der Kirchenbesucher verborgen bleibt,
»schwebt« sie! Und genau dieses Schweben, die
himmlische Schwerelosigkeit, wirkt hier auch auf
den »Zuschauer«. Wählen Sie Ihren persönlichen
Lieblingsplatz um diese Altar-Inszenierung zu sehen! Der Ort hebt Sie hoch. Nur keine Angst, lassen
Sie es zu!
Oft genug kommt man an solchen Orten auf den Gedanken, dass die »wahre Kraft« gar nicht dort ist, wo
alle hinschauen. Das wäre in Rohr also die »schwe-
bende« Madonna.
In der mittleren Seitenkapelle rechts findet sich ein

romanischer Taufbrunnen. Der Liebhaber magischer Orte möge beide Handflächen über den innen eisenbeschlagenen Tauf-»Kessel« halten! Viele haben berichtet, dass sie sofort ein Brennen, Ziehen, zumindest ein starkes Kribbeln gespürt haben.

Am interessantesten aber sind die mannigfaltigen Verzierungen, die den Stein mitsamt einer lateinischen Schrift umrunden.

Es handelt sich dabei um die »heilige Geometrie«, die zu beschreiben den Rahmen dieses Buches sprengen würde. Einfach erklärt: Die Form, wie sie für jedes von eingeweihten Meistern entworfenen Gebäude typisch ist (zum Beispiel gotischer Dreipass, Hexagramm, Stern-Tetraeder, goldener Schnitt und vieles andere mehr), findet sich hier.

Pürkwang und *Schloss Wildenberg* sind die korrespondierenden Orte! Eindrucksvoll grüßt an der Bundesstraße 299 die spätgotische Kirche von stolzer Bergeshöh, ein stattlicher Ziegelbau. Der mächtige Turm (46 Meter), vor allem dessen Nordostecke mit der unten liegenden Apsis, markiert ein starkes Kraftfeld. Genau dort findet sich denn auch die Gruft der Ahnherren des in Sichtweite liegenden Schlosses Wildenberg.

■ Wie komme ich hin?
Mit dem Auto: A 93 Dreieck Holledau–Regensburg, Ausfahrt Abensberg. Zuerst östlich Richtung Langquaid, dann nach ca. 1 km rechts Richtung Rohr.

3 | Eine Felsenburg, Greifvögel und »alte Wasser«

Im Altmühltal bei Riedenburg

Von München aus ist man bald in Ingolstadt. Eine bessere Einstimmung auf die geballt auftretende Orts-Magie des Altmühltales könnte es kaum geben. Denn von Ingolstadt aus trat der (im wortwörtlichen Sinne) mächtige Illuminatenorden seinen Siegeszug um die Welt an. Näher darauf einzugehen würde hier zu weit führen. Nur so viel: Ende des 18. Jahrhunderts gründete der in einem Jesuitenkloster erzogene Universitätsprofessor für Kirchenrecht Adam Weishaupt diesen geheimbündlerisch aufgebauten Orden. Die Symbolik und die Einweihungsstufen sind heute noch auf jedem Ein-Dollar-Schein zu sehen (Pyramide mit 13 Stufen)!

Übrigens ging aus dem Illuminatenorden auch jene Schriftstellerin Shelley hervor, die mit ihrem Ehemann zusammen die Frankenstein-Figur ersann – angeregt durch die weltberühmte »Anatomie« Ingolstadts.

Doch begeben wir uns nun ins Altmühltal!

Zunächst fällt dem sensiblen »Kraftfeld-Touristen« auf, dass dieses Altmühltal der eher schwarzmagischen Grundtendenz Ingolstadts, die durch moderne Erdölraffinerien nicht geschmälert wird, eine ausgesprochen positive und erdverbundene Ausstrahlung entgegensetzt!

Beginnen wir in *Riedenburg.*

Riedenburg, das »Dreiburgenstädtchen«: Tachenstein, Rabenstein, Rosenburg. Die Rosenburg geht im Kern auf die Frühzeit des 13. Jahrhunderts zurück. Zeit der Kreuzzüge, große Zeit der Tempelritter!

Gar nicht weit entfernt liegt auch Burg Prunn, auf der eine Handschrift des Nibelungenliedes gefunden wurde!

Wir wollen aber die Rosenburg (Rietenburch) betrachten.

In stolzer Höhe, die gesamte umgebende Landschaft dominierend, liegt sie vor uns und wird beständig von majestätischen Raub- und Greifvögeln umkreist: Beherbergt die Burg doch den bayerischen Landesjagdfalkenhof mit seinen täglichen phantastischen Freiflugvorführungen!

Wer auf diesem »Hochsitz« im Juragestein das Kraftzentrum sucht, den magischen Ort, der soll das Zentrum des Vogelfluges wählen, das Innere der Arena, die während der Vorführungen von Zuschauern umsäumt wird.

Die frei fliegenden Vögel bilden stets eine lebendige Spirale aus Fluglinien um dieses Zentrum.

■ Wie komme ich hin?

Mit dem Auto: Über Ingolstadt Richtung Regensburg ins Altmühltal, dann »Riedenburg«. Gut ausgeschildert.

Mit öffentlichen Verkehrsmitteln: Die Anreise nach Riedenburg ohne Auto ist etwas umständlich. Von

Ingolstadt (Achtung! Der Bus fährt nicht vom Hauptbahnhof ab, sondern vom zentralen Omnibusbahnhof im Norden des Stadtzentrums mit Zusteigemöglichkeit am Nordbahnhof!) sowie vom Bahnhof Saal an der Strecke Ingolstadt-Regensburg besteht Busverbindung dorthin. An Sonn- und Feiertagen sind die Fahrmöglichkeiten recht spärlich. Auf jeden Fall vorab Fahrplaninformation bei der RBA (Regionalbus Augsburg GmbH, für Ingolstädter Bus) beziehungsweise bei der RBO (Regionalbus Ostbayern GmbH, für Linie von Saal) einholen!

Tipp
Informationen zu den Freiflugvorführungen des Jagdfalkenhofes erhalten Sie unter Tel. 09442 / 2752.

4 | Der »Teufelstritt« als Kraftzentrum
Im Münchner Dom

Heute führt uns der Weg ins Zentrum der Stadt München hinein, nämlich in den Dom »Zu Unserer Lieben Frau«.

Wenn man auf der Landkarte Bayerns eine Linie von dem Kraftort Rettenbach am Auerberg (Schongauer Land) in nordöstlicher Richtung zieht, über Wessobrunn, Andechs, Leutstetten (Grab der Seherin!) – so gelangt man unmittelbar nach München, hin zum Dom!

Anfang des Jahrhunderts fand der Engländer Alfred Watkins heraus, dass eine große Zahl von alten Kirchen und Kultplätzen auf einer geraden Linie liegt, wenn man sie auf der Karte miteinander verbindet. Manchmal taucht der Begriff »Leyline« oder »Drachenpfad« für solch eine Linie auf. Nennen wir sie »Kraftlinie«.

Nicht umsonst künden die Sagen, die vom Bau des Münchner Domes erzählen, von Kräften, die verborgen bleiben sollten: Da ist die ziemlich bekannte Sage vom Teufel, der damals beim Bau des Domes ausgeholfen hat, sich aber dann jäh um seinen Lohn (die ihm versprochene Seele des Baumeisters) betrogen sah: Wütend stampfte er auf und grub so mit seinem Fuß den »Teufelstritt« in eine Steinplatte unter der Orgelempore!

Aber auch eine andere Sage, die von den Winden, die der höllische Gefährte damals in seiner Wut rund um den Dom herum zurückgelassen hat, kündet auf ihre Weise von der kosmischen Urkraft an diesem Platz.

Der Dom selber ist natürlich in vielen Fachbüchern genauestens beschrieben worden. Ich möchte hier nur eine kurze Zusammenfassung der wichtigsten Fakten geben.

Zunächst, bald nach der Stadtgründung, wurde an seinem Platz eine Marienkapelle erbaut, nach vielen Umbauten konnte vor über 500 Jahren, 1494, der Dom in der heute sichtbaren Form geweiht werden. Es handelt sich um eine sehr lang gestreckte, dreischiffige Halle mit Chorumgang und vielen Seitenkapellen. Die fast schmucklose Wucht des Baukörpers nimmt den Besucher sofort gefangen. Der Innenraum, vor allem von dem berühmten Teufelstritt aus betrachtet, stellt sich nach der Renovierung recht hell und atmosphärisch dar. Jörg von Halspach, der Baumeister, hätte an der heutigen Gestalt des Domes sicherlich seine Freude. Bestimmt hat er um den »Kraftort« gewusst, was sich eben dann in Teufelsbund-Sagen Ausdruck verschafft hat.

Ingrid Sand kennt noch weitere Kraftplätze im Inneren der Frauenkirche und schreibt dazu 1999 in der »Münchner Palette«: »Welcher Kraftplatz für einen am besten geeignet ist, muss man selbst herausfinden und es empfiehlt sich, zu verschiedenen Tageszeiten einen bestimmten Platz aufzusuchen und dort zu verweilen. Ein weiterer guter Platz befindet sich auf der rechten Seite, die Bennokapelle, und in der Mitte der Kirche vor dem Altarblock, den Elmar Hillebrand 1993 für die Frauenkirche neu geschaffen hat. Bei der letzten Restaurierung der Kirche fand man in der Erde einen großen Stein, der stark positiv strahlte. Vermutlich stammt er aus der ersten Marienkirche.«

■ Wie komme ich hin?

Ganz einfach. München, Innenstadt. Alle S-Bahnen und die U-Bahn-Linien 3 und 6 fahren über den Marienplatz. Von dort sind es nur ein paar Schritte bis zum Dom. Oder man geht vom anderen Münchner Verkehrsknoten, dem Stachus, zu Fuß durch die Fußgängerzone.

5 | Eine Allee »auf Wasser«
Schloss Fürstenried

Wir besuchen jetzt einen magischen Ort, der vor den Toren des alten Münchens liegt: Schloss Fürstenried. Dass es heute als Exerzitienhaus der katholischen Kirche genutzt wird, ist bestimmt kein Zufall!
Jeder, der das Stück Stadtautobahn vom Luise-Kiesselbach-Platz bis Fürstenried fährt, dem fällt angenehm auf, dass er genau auf der Nordost-Südwest-Achse »wandelt«, einem Teil jener so ganz besonderen Linie, die das Schloss mit den Frauentürmen sichtbar verbindet und die sich über Leutstetten, Andechs, Wessobrunn bis Rettenbach und Sonthofen fortsetzen ließe.
Das ist durchaus so gewollt. Von Fürstenried, vom Schloss aus, sind die Türme der Frauenkirche nicht nur deshalb zu sehen, weil der Anblick so reizvoll ist, wie viele meinen: Der Hauptgrund ist der, dass das Schloss bewusst als magischer Ort auf einer Kraftlinie errichtet wurde.
Der Besuch im Schloss selber offenbart Sensationelles. Da der Autor zu Exerzitien eingeladen war, ergab sich die wunderbare Möglichkeit gründlicher Recherche. Der verantwortliche Salesianerpater gab Einblick in das Archiv.
»Es ließe sich wohl für den in seinen Nerven- und Geistesleben so tief alterierten Fürsten kein geeigneterer Aufenthaltsort finden als dieses im tiefsten

Frieden abgeschieden liegende, rings von nervenstär-
kender Waldesluft umhauchte Schloss.« – So lautet
der Originaltext eines Gutachtens aus dem Jahr 1889!
Bei dem erwähnten Fürsten handelt es sich übrigens
um den bayerischen König Otto, der wegen einer
Geisteskrankheit für unmündig erklärt wurde und
für den daher Prinzregent Luitpold die Regierung
übernahm.

Wieder ein Hinweis darauf, dass Schloss Fürstenried
ein Kraftort sein muss, ein »Ort der Heilung«, um
dessen besondere Beschaffenheit und Wirkung Ein-
geweihte seit jeher gewusst haben!

Alle wichtigen Einfallstraßen, so wird »vor Ort«
weiter erklärt, laufen auf die Frauenkirche zu (man
denke etwa an Landsberger, Leopold-, Lindwurm-
straße oder an die Rosenheimer Straße), alle zusammen ergeben eine Sternformation – der Kraftort-Spe-
zialist wird nicht zögern zu sagen: Das dient der
Konzentration der energetischen Kraft. Ähnliches
ließe sich übrigens bei der Anlage von Karlsruhe
oder Paris (Place de l'Étoile) genauso feststellen.

Was aber die nähere Umgebung von Schloss Fürstenried betrifft, so ist zu erfahren: »Die gesamte
heute noch bestehende Allee steht ›auf Wasser‹, ist
von Quellen begleitet.« Es handelt sich dabei um die
heutige Forst-Kasten-Allee, die parallel zur Autobahn verläuft.

Überhaupt Wasseradern: Der Pater erzählt, dass
Wünschelrutengänger die gesamte Schlossanlage ab-
geschritten seien: Und an allen Ecken schlugen die
Ruten aus!

34

Gibt es Zufälle? Wohl nicht. So ein »Zufall« will es, dass der führende für die Anlagenpflege zuständige Gartenarchitekt mit uns zusammentrifft. Er weiß zu berichten, dass bis vor kurzem noch zwei Brunnen aktiv waren. Die »Kraft« von Fürstenried kommt also von Wasseradern.

Ein Blick in die Geschichte: Fürstenried wurde, wie alle Schlösser des Bayerischen Kurfürsten Max Emanuel, in ein landschaftsformendes Gesamtsystem integriert, in dem es seit 1717 doppelläufige Lindenalleen mit der Residenz und Nymphenburg verbanden.

Effner, der den Bau betrieben hat, wusste ganz bestimmt um die enorme Magie des Ortes und den wirksamen Einsatz geometrischer Formen. Schließlich war er Architekt und verstand die Sprache des Zirkels.

Um einen dreigeschossigen Mittelbau gruppieren sich kleinere Pavillons: Die Kraft der Allee wird gleichsam »eingefangen«!

▓ Wie komme ich hin?

Mit dem Auto: In München die Fürstenrieder Straße immer in südliche Richtung fahren: Man kommt Nähe Waldfriedhof auf die Autobahn nach Garmisch. Gleich nach dem »Rechtsknick« hinter dem Friedhof scharf rechts rein in eine parallel verlaufende Allee (Forst-Kasten-Allee): Diese führt direkt auf das magische Schloss mit dem vorgelagerten Kraftplatz zu.

Mit öffentlichen Verkehrsmitteln: Mit der U-Bahn (Linie 3 Richtung Fürstenried West) bis Basler Straße. Von dort aus gelangt man über die Basler Straße und den Silvrettaweg (das ist die erste Abzweigung links) zu Fuß rasch zum Schlossareal.

6 | Das Grab der Seherin
Mühltal / Leutstetten bei Starnberg

Wohl nicht der bekannteste, aber ein von Kennern als höchst »wirksam« bezeichneter Kraftort ist das »Grab der Seherin« in Mühltal bei Starnberg. Es gibt eine direkte Verbindung mit der Sage über die »drei Jungfrauen« von Leutstetten.

Das Grab dieser weisen Frau aus lange vergangener keltischer Zeit liegt in einem ausgedehnten Grabhügelfeld von 29 Gräbern besonderer Größe und auch auffallender Ästhetik, einem Ort, der von alters her »Herrgottsruh« genannt wird.

Vieles an dem um die Jahrhundertwende untersuchten Skelett der »Seherin« (Druidin? Weise Frau? Heilerin?) deutete auf eine starke Besonderheit. Sicherlich ist sie eine der »drei Schicksalsschwestern«, von denen die Sage kündet.

Wir begehen das Grabhügelfeld, indem wir vom Bahnhof Mühltal aus an dem kleinen Parkplatz vorbei nach rechts wandern, dann einen »wegweisenden« toten Baumstumpf finden und uns dort nochmals nach rechts wenden. Hier, schräg gegenüber, taucht auch schon die erste »Schwitzhütte« auf. Dann führt uns der Weg an dem kleinen Wasserschloss vorbei. Der eigentliche »heilige Bezirk« ist eingezäunt.

Das Grab der Seherin findet sich, wenn man den Weg

quer durch das Gräberfeld passiert, »rechts hinten«, also an ausgewiesener Stelle. Etwa drei bis vier Meter hoch, an die zehn Meter im Durchmesser, der »Krater« im Inneren ist stets rituell geschmückt.

Dieses Grab wurde durch die archäologischen Funde des Geschichtswissenschaftlers Julius Naue (1832–1907) berühmt. Hören wir aus dem damaligen Fundbericht:

»Die Bestattung der weiblichen Leiche und das bisher von mir in keinem Bronzegrab gefundene Würdeabzeichen, welches unter die rechte Hand gelegt war, lassen, neben der bevorzugten Lage des Grabhügels und dem ausnahmsweisen Bau desselben, darauf schließen, dass hier eine sehr hoch gestellte Frau, Seherin oder Priesterin, bestattet worden ist.«

An dieser Stelle gibt Naue den entscheidenden Hinweis auf den keltischen Matronenkult. Das lässt uns die Sage von den »Drei Jungfrauen«, die uns in der nahen (christlichen!) Kapelle von Leutstetten begegnen, besonders aufmerksam betrachten.

Hören wir diese Sage: Irgendwann kamen drei Jungfrauen in eben diese Gegend, bauten eine Klause, eine, wie es heißt, »dreitürige Hütte«. Ein Wissen um die Dreiheit im Einen also! Die drei Jungfrauen halfen, vor allem bei der Geburtshilfe waren sie tüchtig und wissend. Bald wurde der Ort eine Zuflucht für Schwangere.

Besuchen wir also nach dem Grab die Kirche St. Alto in Leutstetten und »erholen« wir uns mit christlichem Gedankengut von der keltischen Urkraft. An der Südwand dieser Kirche sind die drei Jungfrauen

St. Ainpet, St. Gberpet, St. Firpet dargestellt (ein
Gebet, Fürbitt – man beachte die Namen). Jedenfalls ist diese »Drei-Jungfrauen-Einheit« weit über
Deutschland hinaus bekannt (Wilbet, Ambet, Borbet
genannt, 3 Nornen).

■ Wie komme ich hin?
Mit dem Auto: Ab München-Pasing Bundesstraße
Richtung Starnberg, immer das Mühltal entlang
(Würmtal), dann, kurz nach Mühltal, rechts ab, über
die Brücke – bis zum Bahnhof Mühltal.
Mit öffentlichen Verkehrsmitteln: Mit der S-Bahn
(S 6 Richtung Tutzing) bis Mühltal.
Dann Fußweg wie im Text.

7 Weltliche und geistige Macht am magischen Platz

Andechs

Bildet Ettal – der »Gralstempel für dreizehn Ritter« (siehe auch unter »Ettal«, Kapitel 14 in diesem Band) – bildet Ettal also den südlichsten Punkt in der Klosterlandschaft des Pfaffenwinkels, so steht dem Stift bei Oberammergau der »Heilige Berg« Andechs als nördlichster Punkt und als einer der ältesten Wallfahrtsorte Bayerns gegenüber.

Kraftort: Heiliger Berg, das erinnert an Moses und den Sinai. Nicht ganz umsonst. Übrigens gibt es den Ehrentitel seit 1388, weil hier die Grafen von Dießen und Andechs – angeblich schon Graf Rasso im 10. Jahrhundert (eine noch nicht gewürdigte bayerische Spielart eines »Außerirdischen«) – einen enormen Schatz mit christologischen und marianischen Reliquien angesammelt haben.

Das Kloster liegt, sagen die Geologen, auf einem Bergsporn aus Schotter der Eiszeit. Der wilde Kienbach hat im Laufe der Zeit eine Schlucht gegraben. Jeder Besucher und Wanderer erkennt: Strategisch und spirituell war dieser Ort immer schon wichtig. Wegen dieser »Lage über den Dingen« ist Andechs auch schon von weitem sichtbar. Hoch über dem Ostufer des Ammersees, inmitten des Fünfseenlandes, an einem alten Schnittpunkt wichtiger Straßen – und Kraftlinien, wie der einschlägig Interessierte sofort hinzufügen wird.

1080 wird eine Burg der Grafen von Dießen und Andechs erwähnt. Im 11. und auch 12. Jahrhundert ist hier bereits die Macht zentriert. Dem mächtigen Adelsgeschlecht hatte kein Geringerer als Kaiser Friedrich Barbarossa das Herzogtum Meranien verliehen. Dies soll hier zu der reichen Geschichte von Andechs genügen.

Zum Ort nun, denn der hat es schwer in sich!

Magische Orte bergen stets einen »geistigen Schatz«. Und so ist es auch hier, mehr noch: Ein materieller Schatz symbolisiert das Geheimnis des geistigen. Das kann keiner besser erklären als Abt Odilo Lechner in dem Werk »Sehnsucht nach dem Geheimnis«.

Ein ordentlicher Schatz bleibt aber nur so geheim, wie es nötig ist und den Wert steigert. Letztlich »leuchtet« das Ganze in einem alles erhellenden Dunkeln. Rasso, der »Huosi«, Riese, Astronaut, Heilige oder was immer, hatte aus dem Heiligen Land den Schatz mitgebracht: Das bedingte eine Kapelle, die etwa 1238 genau am rechten Ort errichtet wurde.

Vermutlich ist dieser Schatz, der hauptsächlich aus »schwingenden« Steinen und Edelmetallen besteht, so etwas, wie die Literatur und Sage den »Gral« nennen. Wer einmal in der Schatzkammer war, dem hilft auch der aufgeklärteste Verstand nichts: Der ist »weg«. Sowohl Schatz als auch Ort sind magisch.

Wollen wir, bevor wir nach Andechs fahren um den Schatz zu spüren, die Worte des weisen Benediktinerabts Odilo Lechner hören, wie er sich meditierend zur »Schatzsuche« in Andechs äußert: »Die Schlüssel zu den wahren Schätzen des Lebens sind nicht Allerweltsware, billig auf den Straßen zu haben. Sie werden sorgsam aufbewahrt durch die Zeiten hindurch und sind Menschen anvertraut, die um die Kostbarkeit des Schatzes wissen und sein Geheimnis nicht preisgeben und verraten.«

Und er erinnert uns in diesem Zusammenhang an ein Bild, das schon Jesus gebraucht: »Das Gleichnis vom Schatz im Acker hat vielfältige Parallelen in orientalischen Erzählungen. Wie oft deucht uns ein Acker unansehnlich und wertlos!«

Beschäftigung mit Kraftorten, »magischen Stätten«, »heiligen Bezirken«, »Energiefeldern«, oder wie immer die Bezeichnung lauten mag, ist Schatzsuche! Und das hat uns Andechs quer durch die Jahrhunderte und Jahrtausende zu sagen: Der Schatz liegt in dir.

Zeichen gibt es genug. Finden musst du ihn selber. Es hilft nur suchen, suchen, suchen.

Bitte Andechs in jedem Fall erwandern, am besten von Herrsching aus über die Moräne (bestens ausgeschildert). Also los: Ausgangspunkt ist der Dampfersteg am See, unweit der S-Bahn. Jetzt entgegengesetzt zum See, also östlich. Tafeln »Fußweg Andechs« beachten. Den Kiental-Schlucht-Weg meiden. Die Moräne aber offenbart einige feine Kultplätze. Ganz nebenbei: Wer wirklich »feinfühlig« ist, den wird Andechs selber nach dieser phantastischen Wanderung eher enttäuschen. Denn der lang gezogene Wiesenweg westlich des Klosters, im Herbst von Herbstzeitlosen übersät, übertrifft an einigen Stellen die »Kraft« im Kloster bei weitem. Vielleicht hat sich das Zentrum verschoben? Oder stören die vielen Biertrinker …

Dann aber, über die wildromantische Brücke, die den Fluss überquert, hinauf zum Kloster. Genießen Sie die Stelle vor dem Haupteingang. Viele Besucher werden hier schwindlig und schieben dies auf das Bier. Im Inneren der Kirche ist die Kraft des Ortes unmittelbar vor dem Altar am stärksten. Wer weiß schon um die Hohlräume darunter! Über dem Altar aber, genau vor dem Emporen-Altar, ist die Schatzkammer unmittelbar in der Nähe. Hier kommt eine Stimmung auf, in der Johannes seine Offenbarung geschrieben haben muss!

■ **Wie komme ich hin?**

Mit dem Auto: Von München aus Lindauer Autobahn, ab Richtung Wessling, weiter nach Herrsching. Dann wandern oder pilgern!

Mit öffentlichen Verkehrsmitteln: Mit der S-Bahn (Linie 5) bis zur Endstation Herrsching. Von dort Wanderung, wie beschrieben.

8 Eine magische Säule auf dem Zauberhügel

Wessobrunn

Ist es Zufall, dass genau hier, auf der magischen Linie, die über Andechs, Leutstetten und Fürstenried zum Münchner Dom hin führt, dass also genau hier das »Wessobrunner Gebet« entstand beziehungsweise jahrhundertelang ruhte?

Eben da, wo neben Zauberquelle, Kloster, magischem Turm und geheimnisvoller Stele heute die Satellitenbeobachtungsstation ihre Antennenschüsseln neugierig dem Kosmos entgegenstreckt!

Doch lesen wir das Gebet und erkennen, wie Kraftort, Glaube und moderne »Himmelsschau« zusammenhängen:

Das erfragte ich unter den Menschen
als des Wissens Größtes:
dass die Erde nicht war
noch der hohe Himmel,
noch Baum noch Berg war,
noch irgendetwas,
noch die Sonne schien,
noch der Mond leuchtete
noch das Meer war.
Allmächtiger Gott,
der du Himmel und Erde geschaffen
und den Menschen so manch Gutes verliehen hast,
verleih mir in deiner Gnade

rechten Glauben und guten Willen,
Weisheit und Klugheit und Kraft
den Teufeln zu widerstehen
und das Arge zu meiden
und deinen Willen zu vollbringen.

Auch in der Wessobrunner Gründungsgeschichte tritt von Anfang an die Natur als Ort göttlicher Weisung in Erscheinung: Beschützte doch die Tassilolinde den Schlaf des Herzogs! Und im Traum erfährt er, dass der Boden hier heilig ist.
Bereits die Gründungslegende erklärt Baum und Boden als magisch, kraftvoll, wirksam. Und Tassilo hatte hier den Traum von der Himmelsleiter. Der Vergleich zur Bibel (Jakobs Traum), Kabbala (jüdische Mystik, heute verfälscht im Tarot zu finden), dem Öffnen von Himmelstoren bei modernen Sekten und der ganz anders gearteten »Himmelsschau« in der nahen Satellitenbeobachtungsstation drängt sich auf!

Der Ort Wessobrunn selbst liegt auf einem Hügel südwestlich des Ammersees, inmitten des so genannten Pfaffenwinkels. »Angulus sacerdotum et monachorum« – Winkel der Priester und Mönche!
Die Geschichte von Wessobrunn beginnt mit der Gründung des Benediktinerklosters im Jahr 753. Doch soll sie uns hier nicht zu sehr beschäftigen, wenngleich sie zum gleichen Ergebnis kommt wie wir mit unserer Orts-Feinfühligkeit.
Besuchen wir den großen Stein mit dem eingemeißelten Gebet vor der Dorflinde, die sich nahezu

zweimal um sich selber zwirbelt. Eine monumentale linksdrehende Kraftspirale.

Dann die Tassilolinde! Der Römerturm! Das Quellhaus mit den drei Quellen. Alles liegt ziemlich nahe beisammen. Der Leser wird sich seinen persönlichen Kraftort suchen.

Nun aber der Höhepunkt von Wessobrunn: Inmitten eines abgezäunten Gärtchens steht eine etwa drei Meter hohe Stele. Genau an der Stelle des Hochaltars der ehemaligen Klosterkirche.

Erich Neumann schreibt in einem Efodon-Band: »Langsam wurde uns klar, was uns das Denkmal sagen will. Dass wir direkt im Zentrum einer ehemaligen religiösen Verehrungsstätte, aber zugleich auch im Zentrum des Hauptenergieknotens der energetischen Landschaftsraute standen, dem Punkt, an dem sich auf engstem Raum die von allen Seiten kommenden Fluktuationslinien kreuzen …«

Dazu noch ein durchaus ernst gemeinter Hinweis: Feinfühlige sollten Wessobrunn nur bei guter seelischer Verfassung besuchen! Da dort, energiebedingt, das Wetter besonders schnell umschlägt, ist der Ausflug sehr kreislaufbelastend. Das alles macht die Sache aber nur noch interessanter, als sie eh schon ist. Sie wissen schon: Magie ist unberechenbar und magische Orte sind es sowieso.

■ Wie komme ich hin?

Mit dem Auto: Ab München über Starnberg nach Weilheim, dann rechts ab (Richtung Landsberg) nach Wessobrunn.

Mit öffentlichen Verkehrsmitteln: Vom Bahnhof Weilheim (an den Bahnstrecken München–Garmisch-Partenkirchen–Innsbruck und Augsburg-Weilheim) besteht eine brauchbare, aber nicht gerade häufig verkehrende Busverbindung nach Wessobrunn. Auch vom Bahnhof Landsberg ist Wessobrunn per Bus erreichbar. Betreiber der Busse ist der Regionalverkehr Oberbayern (RVO).

Kraftfeld der besonderen Art und uralter Druidenort

Die »Birg« bei Schäftlarn

Unser Weg auf das faszinierende Areal der »Birg« beginnt bei einer einladend sich weitenden Lichtung, die geschwungenen Hügel rundum sind von auffallend gesundem Wald umgeben.

An einem kleinen Parkplatz erzählt die dort aufgestellte Hinweistafel von der Birg, von der uralten keltischen Wehr- und Wallanlage. Dabei fällt auf, dass sich alles etwas im Vagen bewegt: Genaueres über diesen geheimnisvollen und ganz und gar mythischen Ort scheint keiner zu wissen …

So ist es denn auch wirklich. Wo und wie nur ist zu erfahren, wann, wie und wo diese imposanten, meterhohen Wallanlagen errichtet worden sind?

Machen wir uns auf den Weg!

Der Wanderer überquert viele Meter hohe Wälle, die wie gigantische Ackerfurchen diesen Platz durchziehen.

Bald gelangt man ans Isarhochufer, der Blick öffnet sich im wortwörtlichen Sinn zum »Überblick«: Man steht auf altem Herrschaftsboden.

Immer wieder berichten die suchenden Pilger von »strahlenden« Kraftplätzen, die zum augenblicklichen Verweilen und Meditieren einladen.

Ist das alles Einbildung? Wohl nicht, denn es handelt sich bei magischen Orten in dieser Umgebung oft um uralte Kultorte, die schon in keltischer Zeit bestanden, aber immer noch »in Gebrauch« sind: hier ein Altärchen, dort ein von anonymer Hand errichteter magischer Kreis. Solche Kreise sind in recht auffallender Weise im Rhythmus der jeweiligen Jahreszeit immer wieder anders geschmückt: Wer mögen die Unbekannten sein, die sich zur Nachtzeit hier aufhalten und vielleicht alte Rituale feiern? Wer die besondere Begabung besitzt einen Ort zu erspüren, der findet auf der Birg eine Menge von »Schwitzhütten« …

Vielleicht vermag uns über das innerste Geheimnis der Birg eine Sage Auskunft zu erteilen: Das ist die Sage vom Birgweibl.

Hoch oben über der Isar erhebt sich die Birg, damit hat es aber einen finsteren Fluch auf sich: Dereinst hat, auf dieser alten keltischen Anlage, der Raubritter Sachsenhauser seine dunkle Burg gehabt. Dieser Mensch war durch und durch schlecht, er quälte und mordete Pilger und Isarflößer. Allen machte dieser Teufel das Leben zur Hölle.

Dann wurde seine Burg endlich belagert um dem Übel Abhilfe zu schaffen. Die Birg-Burg als Anlage war jedoch zu widerstandsfähig, die Belagerer dachten sogar schon ans Aufgeben. Denn in der Burg gab es genügend Vorräte, vor allem: Man hatte eine eigene Quelle! So ging nie das Wasser aus.

Nun kam die Hexe daher und gab den Belagerern den boshaften Rat: Sie möchten doch ein Pferd an den Rand des Verdurstens bringen und so das Tier in seiner Todesangst die Wasserader finden lassen!

In der Tat: Das verzweifelte Tier grub die unterirdische Ader an. Dann wurde der Brunnen vergiftet und die Burg fiel in die Hände der Eroberer.

Für diesen gemeinen Rat wurde die Alte mit einem Fluch beladen. Wir sehen: Der Sachsenhauser muss ein Schwarzmagier gewesen sein! Die Hexe jedenfalls geht seitdem auf der Birg um, sie darf nicht ruhen, ist eine Untote. So jedenfalls will es die Legende.

Klein soll sie sein und sie trägt einen Stock und einen Korb. Den einen fragt sie nach dem Weg nach Baierbrunn, den anderen nach dem Weg nach Schäftlarn. Je nach Wegrichtung. Aber sie kommt niemals weit, denn sie ist in die Grenzen der Birg gebannt. Manchmal springt sie dem Ausflügler auf den Rücken …

Deuten wir die Sage dieses urigen magischen Ortes »Birg«: Hier herrscht die magnetisierende Kraft der Quellen, man begegnet uralter Erdkraft, aber auch der Wunschkraft und Ver-Wünschkraft.

■ Wie komme ich hin?

Mit dem Auto: Ab München Autobahn Richtung Garmisch, also beim Dreieck Starnberg links weg, dann nächste Ausfahrt »Schäftlarn«. Durch den Ort durch, über die Bahnkreuzung, dann gleich links auf die Bundesstraße 11 Richtung Baierbrunn; nach wenigen Metern sofort rechts in die kleine Forststraße, diese endet direkt am »Zugang« zur Birg (kleiner Parkplatz). Oder einfach fragen (Vorsicht aber vor dem Birgweib, das ist eine echte Hexe!).

Mit öffentlichen Verkehrsmitteln: Mit der Münchner S-Bahn (Linie 7 Richtung Wolfratshausen) bis Hohenschäftlarn. Der Weg zur »Birg« zweigt etwa gegenüber der Bahnstation von der Hauptstraße ab.

Tipp
Übrigens lässt sich die Gegend an der Isar entlang auch bestens mit dem Rad erkunden!

10 Eine Ritterburg aus dem letzten Jahrhundert

Schwaneck bei Pullach

Die magische Ausstrahlung des Isarhochufers ist von alters her bekannt. Wir haben uns bereits anhand der »Birg« bei Schäftlarn von der Kraft keltischer Anlagen über dem Isarfluss überzeugen können.

Nicht umsonst findet der kundige Beobachter an solchen Stellen rechts und links der Isar immer wieder Hinweise auf alte keltische Opferstätten und es ist auch kein Zufall, dass an solchen Orten in späteren Zeiten besondere Gebäude errichtet worden sind.

Man muss sich dann nur die Mühe machen und die Geschichte genau anschauen, die sich um so ein Gebäude rankt. Auch der Erwerb des Grundstücks ist zumeist interessant und immer wieder helfen einem Ortssagen weiter: Oft hat man den Eindruck, dass die Bauherren von der Besonderheit ihres Bauplatzes wussten!

So steht denn im Isartal bei Pullach eine hoch aufragende Burg, die allerdings nicht im finsteren Mittelalter von Raubrittern erbaut, sondern erst im Zeitalter der Romantik als bewusste Huldigung an das eben nicht finstere, sondern neu entdeckte Mittelalter hochgezogen wurde. Und der Name »Schwaneck« ist nahezu programmatisch.

Denn der Bau dieser Burg fällt in die Blütezeit der

historisierenden Ritterbünde und der okkulten Geheimbünde, die oftmals Ritter- und Ordensstatuten aufwiesen. Ludwig Schwanthaler, der Schöpfer der Bavaria auf der Theresienwiese, war es, der schließlich von König Ludwig I. ein unbebautes Grundstück am aussichtsreichsten Punkt einer Isarkrümmung geschenkt bekam: den »Gern«, die Landspitze zwischen Großhesselohe und Pullach.

Über diese Stelle, die heute die Burg trägt, als nachweisbaren Kraftort, gibt die Broschüre über Schwaneck Auskunft: »Dass diese Gegend in weit zurückliegenden Zeiten besiedelt war, beweisen die vielen archäologischen Funde, wie Pullacher Fürstengräber aus der Hallstattzeit, die Grünwalder Urnenfelder und natürlich auch das quer durch den Forst verlaufende Querstück der Via Claudia Augusta.«

Schon von weitem her fallen die hoch aufragenden, dunklen Türme der Burg ins Auge.

1840 wurde hier mit den Baumaßnahmen begonnen, 1842 war dann der so genannte »Burgstall« vollendet. Dieser bestand aus einem 26 Meter hohen viereckigen Hauptturm, dem »Belfried«, der einen achteckigen (!) vorgelagerten Treppenturm hatte. Dazu umschloss eine Ringmauer mit Wehrgang und Zinnen das Burggelände, über den äußeren Graben führte eine Zugbrücke. Man hatte die Kraft des Wassers bewusst eingesetzt: Vom Schwanecker Brunnhaus aus, an der Stelle der heutigen Heilmann-Quelle, die sich unten an der Isar befindet, wurde frisches Quellwasser zum Burgfried hinaufgepumpt!

53

■ Wie komme ich hin?

Mit dem Auto: Ab München über Solln nach Pullach. Dann immer westlich, zahlreiche Hinweisschilder verweisen auf Burg »Schwaneck«, weil dort seit 1956 eine Jugendherberge untergebracht ist.

Mit öffentlichen Verkehrsmitteln: Mit der S7 (München Ost–Wolfratshausen) bis Pullach. Von dort aus erreicht man zu Fuß rasch das Isarhochufer mit der Burg.

11 Wo der Märchenkönig starb

Berg am Starnberger See

Die Tatsache, dass ausgerechnet an diesem Ort am Starnberger See König Ludwig II. den Tod fand, ist kein Zufall. Zufälle gibt es nicht, der Leser des vorliegenden Buches wird bei seinen Kraftfeld-Wanderungen mehr und mehr dahinter kommen.

Gehen wir also auf die über der »Unglücksstelle« errichtete Votivkapelle zu, durch den Schlosspark Berg hindurch muss dieser Ort erwandert werden. Besser ist es, das Auto oder Rad bereits auf dem Parkplatz bei Kempfenhausen abzustellen.

Jetzt das Seeufer Richtung Süden hinaufgehen. Das bereitet die Seele und den Geist auf das Erlebnis an der Kapelle vor.

Dann aber, gleich beim Betreten des Schlossparks, der die Kapelle umgibt, können Sie sich ganz der Magie des Ortes hingeben. Es empfiehlt sich auch ein Abstecher in das östlich gelegene wundersame Areal mystischer Tuffsteinhöhlen.

Das Gebiet rund um die Kapelle selbst ist stets von auffallenden, sonst nicht gegenwärtigen Winden durchweht – ganz ähnlich verhält es sich in der unmittelbaren Umgebung des Münchner Doms!

Der Platz vor dem zentrierenden, romanisch rundbogenkräftigen Portal der Kapelle mit den schweren, eisenbeschlagenen Torflügeln und die Stelle im See mit dem eisengefassten Holzkreuz gemahnen in nahezu zwingender Weise zur inneren Sammlung. 1886 starb hier Ludwig II., der Märchenkönig – aber für jeden fein Fühlenden ist der »Geist« noch da. Und es ist gar nicht ungewöhnlich, dass man hier Menschen mit Wünschelruten und Kraftmessgeräten verschiedener Art sieht – diese Kenner und Er-Kenner von Kraftorten pendeln das Areal aus und vermessen es fachmännisch.

Doch nun zur Kapelle selbst: Das eigentümliche Gebäude strahlt mit seinem dunklen, neu-romanischen Stil Macht und Mysterium aus. Das wahre Geheimnis aber liegt in der Wahl des Ortes verborgen, auf dem die Kirche steht!

Der Kuppelbau aus Muschelkalk besitzt eine romanische Säulenstellung und hat den magischen achteckigen Grundriss. Das »Schwingen« der Rundkuppel ist durch ein schmiedeeisernes Gitter zu spüren, wenn der Eintritt, wie fast zu jeder Zeit, verwehrt ist. Warum nur?

Innen trägt der Kuppelbau den sternengeschmückten dunkelblauen Himmel, dessen mystische Tiefe bis nach außen wirkt. Über dem Triumphbogen prangt das Wappen der Bayern. 1896, also zum 10. Todestag König Ludwigs II., ist dieser magisch-unheimliche, wiewohl christlich geprägte Bau eingeweiht worden.

■ Wie komme ich hin?

Mit dem Auto: Ab München Autobahn Starnberg, Dreieck Starnberg rechts ab, Richtung Starnberg, dann durch Percha durch. Bald Abfahrt rechts Richtung »Berg«. Zu Fuß durch den Schlosspark (für Autos gesperrt, Gott sei Dank).

Mit öffentlichen Verkehrsmitteln: Mit der Münchner S-Bahn (Linie 6 Richtung Tutzing) bis Starnberg. Von dort mit dem Schiff (das leider nicht gerade mit hoher Frequenz verkehrt) nach Berg.

12 Ein Ort der Wunder

*Die Maria-Dank-Kapelle
in Degerndorf bei Münsing*

Unweit der »tausendjährigen Linde« von Holzhausen, die wirklich tausend Jahre Wind und Wetter getrotzt hat und dann, im Jahre 1996, von einem Orkan gefällt wurde, findet sich, in östlicher Richtung und weithin sichtbar auf einem kleinen Hügel, die Maria-Dank-Kapelle.

Sie darf als Krönung der vielen besonders »geladenen« Orte östlich des Starnberger Sees gelten und zieht täglich, vor allem aber zu bestimmten spirituellen Feiertagen und Anlässen, die Pilger hierher.

Wen wundert es noch, dass gleich daneben ein Brunnhaus steht und daran erinnert, dass unter dem Boden Quellen sind! Zurückgehend auf ein Ereignis, das mit einem Flugzeugabsturz zusammenhängt und das man durchaus als Wunder deuten kann, zieht das mystische Ensemble Wunder und Visionen geradezu an.

Wer sich diesem ausgewählten Ort (der lange schon kein Geheimtipp mehr ist) ganz und gar hingibt, dem wird, wegen der krassen Polarität vor Ort, bald schwindlig – oder aber, er »hebt ab«, erlebt Hochgefühle.

Wir befinden uns auf der »Degerndorfer Höhe«, einem Höhenzug, der für den Wanderer und Suchenden in herrlicher Weise den Blick freigibt Richtung Westen, weit über den Starnberger See hinweg.

Die Kapelle wirkt, sooft man sich ihr auch nähert, magisch, sie aktiviert das innere Auge.

Es fällt auf, dass dieses Kircherl nicht geostet ist, der Altar zeigt nach Westen hin, zum Starnberger See. Die übrigens wunderschöne Madonna im Inneren schaut so täglich der aufgehenden Sonne ins Auge.

Das alles ist ein Hinweis darauf, dass die Erbauer bewusst von der christlichen Tradition abwichen um anderen, magischen Zusammenhängen zu folgen.

Wer sich in dieser anheimelnden Kapelle aufhält oder mit wachen Augen und mit wachem (Über-)Sinn das Areal begeht, der spürt bald das Prickeln unter den Fußsohlen, das solche magischen Orte ausweist. Dieses Prickeln ist die Folge besonders starker Erdenergien!

Die kleine Kirche selber bietet keine baugeschichtlichen Besonderheiten und wirkt irgendwie sehr archaisch, obwohl sie erst in den Jahren 1947/1948 errichtet wurde.

Stolz und liebenswert steht die Kapelle auf dem Hügel, wird von einer Eiche und einer Linde beschützt, mit denen sie ein recht harmonisches Ensemble bildet.

Der kleine, unaufdringliche Turm mit der angedeuteten Zwiebel fügt sich wie von selber in die Baumkronen. Auch in der Nacht noch leuchten die Rundfenster von innen heraus, das kommt von den zahlreichen brennenden Andachtskerzen im Inneren der Dankeskirche.

Über die anrührende Entstehungsgeschichte der Kapelle gibt ein gerahmter Zeitungsabschnitt an der

Kirchenwand Auskunft: »Am 17. Dezember 1944 explodierte kurz hinter der Ortschaft Degerndorf ein Kampfflugzeug der Engländer. Vier Flieger verloren das Leben, einer überlebte. Im Dorf wurde er dann gepflegt. Seiner Geistesgegenwart (und einem Wunder) verdankt die kleine Ortschaft, dass die Katastrophe ausblieb. Fiel doch der Flieger nicht auf die Häuser.«

Zum Dank für mannigfaltige Verschonung vor den Kriegswirren hat man dann die Kapelle errichtet – aus Münchner Bombenschutt!

■ Wie komme ich hin?

Mit dem Auto: Von München Autobahn Richtung Garmisch, Abfahrt Münsing/Wolfratshausen.

Rechts ab Richtung Münsing, im Ort links nach Degerndorf. Schon ist die Kapelle auf dem Hügel sichtbar. Die kleine Straße dorthin suchen, dann rechts hinauf.

13 Ein altes Kloster und viel Magie

Rund um Dietramszell

Nördlich von Bad Tölz liegt Dietramszell. Den Besucher erwartet dort ein wuchtiges Kloster mit berühmten Fresken, doch soll uns – als Kraftort-Experten – dieser Ort nicht so sehr interessieren als kleinere Kirchen und weniger »bedeutende« Flecken in der näheren Umgebung.

Nehmen wir Thankirchen, westlich von Dietramszell: ein uralter – und ein wahrhaft magischer Platz!

Bereits die weit geschwungene, harmonisch sich windende Straße von Wolfratshausen isaraufwärts, besonders ab der Brücke bei Geretsried, lässt den Kundigen schon ahnen, dass wir uns einem besonders »geladenen« Feld nähern. Kleine Kapellen am Straßenrand künden davon: Dies ist eine außergewöhnliche Wegstrecke.

Im Isarbett kurz vor Lenggries hat ein Künstler bleibende Pyramiden aus Isarkieseln errichtet – genau an den richtigen, »magischen« Stellen. Diese Kunstwerke sind auch vom Auto aus gut zu sehen.

Wir aber biegen vorher schon, in der Nähe von Einöd, nach Dietramszell ab. Unser erster »strahlender« Ort ist Peretshofen (nach etwa 1 km, bei dem Weiler Rampertshofen, links abbiegen).

Man hat hier, bei einer Renovierung der Kirche im Jahre 1963, übereinander gemalte Fresken entdeckt,

Bilder aus dem Marienleben, vor allem aber eine viel sagende Darstellung des Weltgerichts im Längsschiff.

Nach dem Betrachten des Gottesgerichts sollte man die Dreieckswiese nordöstlich des Ortes betreten. Dem Genießer magischer Orte kann es durchaus passieren, dass er ab der »Peretshofener Höhe« gar nicht mehr weiter will … Was soll's! Dann eben die anderen Besonderheiten der Umgebung an einem zweiten Tag besuchen!

Denn die Wirkung von Kraftorten und magischen Plätzen erschließt sich oft sehr spontan. Wenn sie sich öffnen, dann gibt es nur eines: hierbleiben und genießen.

Nun aber zu Thankirchen (einfach von der Peretshofener Höhe zurück zur Kreuzung bis Rampertshofen und dann die lieblich geschwungene Höhenstraße weiterfahren). Dieser uralte Ort liegt etwas westlich von Dietramszell. Die Kirche mit dem einladenden, mächtigen und breiten Satteldachturm grüßt hell leuchtend in den Zeller Winkel hinein und kann auf eine über 1200 Jahre alte Geschichte zurückschauen.

Tatsächlich reicht diese ehrwürdige Historie bis in die Zeit des heiligen Bonifatius zurück; der Kirchenführer verrät uns ferner, dass das ganze Gebiet nördlich von Bad Tölz bis fast nach Deisenhofen vor etwa 1200 Jahren zur Pfarrei Thankirchen gehörte!

Wir aber wollen ein magisches Feld betreten: Das ist hier, eigenartigerweise, etwas vor der Kirche, nämlich an einem besonderen Haus mit einer besonderen

Beschriftung: Gemeint ist jenes Haus vom »Bauern« mit der herrschaftlich regierenden Muttergottesdarstellung an der Wand.
Dazu die Beschriftung:

Anno 45, am ersten Mai,
Der deutsche Rückzug war fast vorbei,
Da hat eine Nachhut sich HIER eingenistet.
Acht feindliche Panzer, gut ausgerüstet,
Haben sie unter Feuer genommen.
Da ist THANKIRCHEN schlecht weggekommen:
Ein Häuferl Asche und etliche Mauern
Sind übrig geblieben von der Hütte beim BAUERN.

Der Text ist noch viel länger und beschreibt humorvoll den Krieg!
Das ist es. Hier walten Humor und Zuversicht! Und zwar eben darum, weil es sich um einen »Ort der Kraft« handelt.
Das haben magische Orte so an sich: Es wird immer wieder von Wundern berichtet, die dort geschehen sein sollen. Oder der Platz bleibt in auffallender Weise von Katastrophen verschont. Oder aber, wenn schon schlimme Dinge vorkommen, dann kommt eben alles schnellstens wieder ins Lot!
Denn: Ein Kraftort, ein »magischer Platz«, stärkt in jedem Fall die Lebensenergien! Nur, in seltenen Fällen und bei falschem Umgang mit der »Strahlung«, kann ebenso Lebensenergie weggenommen werden. Doch sind in diesem Buch nur solche Orte gewählt, die »aufbauen«!

Weitere Orte in der Umgebung, die auf eine Entdeckung warten: Bairawies, Humbach und »Maria
im Elend«, eine Wallfahrtskirche, ein Kilometer südlich von Dietramszell in einsamer Waldlage (Geheimtipp!). Dazu, vielleicht bei Ausflügen an anderen Tagen: St. Leonhard, ebenfalls nahe bei Dietramszell, Kreuzbichl, die Friedhofskirche. Übrigens,
der Name verrät viel: »Kreuzbichl« wurde auf dem
höchsten Punkt des »Kreuzbühel« erbaut …

■ Wie komme ich hin?

Mit dem Auto: Ab Wolfratshausen Richtung Bad
Tölz. Bei der Ausschilderung links ab. Dann die magischen Orte selber finden – das gehört dazu!
Mit öffentlichen Verkehrsmitteln: Es existiert eine
Buslinie Bad Tölz–Dietramszell (mit fallweiser Ver-
längerung bis Holzkirchen), die aber nur werktags
und auch da nur mit äußerst »magerer« Frequenz
verkehrt. Auf jeden Fall vorab Fahrplaninformation
beim Betreiber, dem RVO, einholen!
Nach Thankirchen sind es vom Kloster aus ungefähr
2 km.
Peretshofen ist mit öffentlichen Verkehrsmitteln
nicht zu erreichen, es will erwandert sein (nächster
größerer Ort: Geretsried, von Wolfratshausen, dem
Endpunkt der S-Bahn-Linie 7, per Bus erreichbar).

14 | In der bayerischen »Gralsburg«

Kloster Ettal

Auf 900 Meter Höhe liegt in einem engen Gebirgstal der bayerischen Voralpen, unweit von Oberammergau, das tempelgleich mit wuchtiger Kuppel in den Föhnhimmel weisende Gebäude von Kloster Ettal. Nicht umsonst wird die barockisierende Anlage oftmals mit einem Schloss verglichen.

Der Name sagt viel aus über den Ort der Kraft und seine über Jahrhunderte hinweg wirkende Magie: Führt dieser Name doch (»Ettal«: E = Ehe, also Gelöbnis, Bund) auf ein im Mittelalter einmaliges Gelöbnis zurück. Denn in diesem Tal schloss einstmals der deutsche Kaiser Ludwig IV., genannt »Der Bayer« (1283–1347), einen in solcher Form noch nie da gewesenen Bund mit Gott und auch mit der Gottesmutter Maria!

Er stiftete nämlich – nach einer Engelserscheinung in Rom – zu Ehren Gottes und Unserer Lieben Frau ein Kloster »auf dem Ampferang«.

Schon der bloße Anblick der magisch-wuchtigen Rotunde aus der Ferne lässt den sich nähernden Besucher in helle Verzückung fallen! Und es war kein Geringerer als König Ludwig II., der im Jahr 1865 an Richard Wagner geschrieben hat: »In der Ferne, am Ende des Tales, ragt die Kirche zu Ettal empor aus dunklem Tannengrün. Nach dem Plane des Gralstempels zu Mont Salvat soll Kaiser Ludwig der Bayer diese Kirche erbaut haben. Und da belebt sich die Gestalt Lohengrins meinem Blick aufs Neue, und Parzival, den Helden der Zukunft, sehe ich in meinem Geiste ...«

Auch die seriöse kunstgeschichtliche Literatur verweist auf die Nähe Ettals zum Gralstempel (»Gral« steht bekanntlich als bildhaft-symbolischer Begriff für das Ziel einer jeden spirituellen Suche; kein Geringerer als Ritter Parzival ist es schließlich, jener auserwählte Ritter aus König Artus' Tafelrunde, der den »Gral« nach langem Herumirren findet ...).

»Ludwig erlag in seiner Einschätzung Ettals keinem Wunschtraum, auch heute noch sieht die Kunstgeschichte in der Rotunde der Kirche ein Abbild des Gralstempels oder eine Nachahmung des salomonischen Tempels in der Tradition der Templerbauten«, berichtet das Handbuch »Oberbayern – Kunstführer zwischen Donau und Alpen«.

Wer an dem magischen Orte Ettal von der vergangenen Ritterherrlichkeit und von Einweihungslehren schwärmt und schwelgt, der sollte auch wissen, dass Kaiser Ludwig der Bayer Ettal 1330 als Ritterstift gegründet hat. Darin sollten zwölf Ritter mit ihrem Meister leben und taten es auch.

Man beachte, dass zwölf und ein Meister dreizehn ergeben, also die magischste aller Zahlen und zugleich die christlichste, denn zwölf Apostel und deren Meister Jesus ergeben ebenfalls dreizehn ...

Wer sich im Inneren der Kirche aufhält, vor allem, wer inmitten des gewaltigen Kuppelgewölbes steht, bei dem wird das berühmte »Prickeln« unter den Fußsohlen nicht ausbleiben!

Im Fall des Klosters Ettal ist die Annahme, es handle sich um einen magischen Ort, eben nicht nur Annahme oder sicheres Gefühl, sondern dies lässt sich auch recht gut belegen. Ettal ist über Jahrhunderte hinweg immer ein Ort gewesen, der eine besondere »Ausstrahlung« hatte – und seit den Tagen der kaiserlichen Gründung auch immer wieder ein Hort von Herrschaftswissen.

Seit vielen, vielen Generationen »strahlt« das Kloster als unbestrittene Elite-Bildungsstätte weit über die Grenzen Bayerns hinaus. Hier wird, für den Nachwuchs der neueren »Herrschaft« in Bayern, nicht nur Bildung, sondern auch Macht gebildet. Ein Blick auf die Ettal-Absolventen der letzten Jahrzehnte mag dies belegen.

Wer es nicht wissen sollte: Hier, innerhalb der festen Klostermauern, befinden sich technisch perfekt eingerichtete Sendeanlagen des »Radio Vatikan« mit seinen deutschen Ablegern »Radio Horeb« und »Radio Campanile«: Das Kloster Ettal strahlt neuerdings also auch im doppelten Sinne!

Wer den »Weg der Kraft« kennen lernen will, der sollte, nachdem er sinnierend in der Mitte der Rotunde unter der »schwingenden« Kuppel gestanden ist, der sollte also den faszinierenden Fußweg über dem Kloster beschreiten, der, sozusagen oberhalb des Altarraumes, die Grals-Anlage beschauen lässt. Übrigens würde dieser Weg, beim Aufstieg links weg, nach Oberammergau führen.

An einer ganz bestimmten Stelle dieses Weges, bei einer Bank – der Leser möge sie selber finden! – ist die Kraft unglaublich groß.

Ansonsten: genießen, nachdenken über den schönen Namen (Eh-Tal, Ettal, Ehernes Tal? Ehe-Tal ... Tal der Bindungen?).

Wie komme ich hin?

Mit dem Auto: Autobahn München-Garmisch. Bei Oberau rechts weg »Oberammergau«. Stets gut ausgeschildert. Kurz vor Oberammergau ist die wuchtige Kuppel des Klosters nicht zu übersehen: Ettal!

Mit öffentlichen Verkehrsmitteln: Von Oberau (an der Bahnstrecke von München über Garmisch-Partenkirchen nach Innsbruck) besteht eine gute (am Wochenende etwas eingeschränkte) Busverbindung nach Ettal.

15 Schlosshotel – oder Kloster?

Elmau

Das denkmalgeschützte Schloss Elmau wurde dem Autor keineswegs von Touristen empfohlen, sondern vielmehr von Ärzten, die sich in international agierenden spirituellen Kreisen bewegen.

Und wirklich entwickelt sich schon der Weg dorthin – etwa ab dem Ort Klais, wenn es die sanft geschwungene Bergstraße aufwärts geht, immer in Richtung Wettersteinwand – zu einem regelrechten Einweihungspfad!

Dann öffnet sich, auf einer weiten Hochfläche mit dem Zugspitzmassiv im Westen, der Blick auf ein wunderbares Burg-Schlosshotel. Wir sind aber noch nicht »auf Elmau«, dieses Bauwerk hier ist jedoch ein auf eigenartige Weise vornehmes Schlossgebäude.

Die Hotelgäste sind irgendwie »anders«, sie mustern uns mit abwartend-verschwiegener Aufmerksamkeit.

Dann aber geht die Fahrt weiter, immer noch bergauf, bis sich endlich ein wahres »Zaubertal« auftut!

Ist es ein Schloss, ein Hotel oder ein Kloster?

Nach der Besichtigung und den Gesprächen wird uns klar sein: Ein Kloster ist dies allemal, bewusst auf dem magischen Ort, den die Wettersteinwand wie ein Parabolspiegel umfängt, errichtet, ein spirituelles Zentrum erster Güte; das allerdings vordergründig als Schlosshotel firmiert. – Wirklich ein Hotel?

Schon der kurze Blick in das Vortragsprogramm belehrt uns eines Besseren!

Es war ein Philosoph und kein Gastronom, Dr. Johannes Müller, der auf dem Hochplateau des »Zaubertales« direkt vor der 2700 Meter hohen Wettersteinwand das Schloss erbauen ließ. Die Symposien zu Philosophie und Zeitgeschichte passen zu der »Schwingung«.

Die ist am allerstärksten im zentralen Schlosshof. Eine linksdrehende Spirale windet sich auf dem Boden. Begehen Sie diese, folgen Sie den groben Mosaiksteinen bis ins Zentrum! Spüren Sie die Kraft?

Nach dem Verweilen auf der Zentral-Spirale bleibt für den Liebhaber magischer Orte nicht mehr viel zu tun auf Elmau. Überraschend wenige der vielen und gebildeten Gäste scheinen diese Besonderheit auszukosten …

Doch soll uns das weniger interessieren. Betrachten wir lieber den hoch aufragenden Viereckssturm mit der spitzen dreigeteilten Haube. Wie der Kirchturm eines weltweit »strahlenden« Klosters ragt dieser in den bayerischen Himmel hinein! Ein weithin sichtbares Zeichen genau am rechten Ort!

■ Wie komme ich hin?

Mit dem Auto: Ab München nach Garmisch. Dort Richtung Mittenwald, im Ort Klais rechts ab und immer die Bergstraße aufwärts.

16 Uralte Kultplätze –
die keltischen Viereckschanzen

Buchendorf bei Gauting

*Da stand ein Hain, seit Menschengedenken nie ent-
weiht; mit verschränkten Ästen bildete er einen Bezirk von Dunkelheit und Schattenkühle. Auch legte
sich kein Wind auf jene Gehölze und schlug kein Blitz
aus schwarzen Wolken ein. Nein, gewaltig steigert
sich die Angst, wenn man die Götter, die man fürch-
ten soll, nicht kennt. Wenn dunkle Nacht das Firma-
ment umfing, so wagte nicht einmal der Priester ein-
zutreten, fürchtete er doch, den Herrn des Hains zu
überraschen.*

So wird Lucanus zitiert in der grundlegenden Schrift
über »Die Kelten in Bayern«, erschienen in den
»Heften zur Bayerischen Geschichte und Kultur«.
Wir wollen heute, weil dort die »Kraft« so unübersehbar wabert, die vollständig erhaltene Keltenschanze bei Buchendorf in der Nähe von Gauting besuchen.
Fahren wir also nach Buchendorf auf und lassen uns
»tragen«!

Buchendorf liegt rund 2,5 Kilometer ostwärts der
Würmbrücke bei Gauting, ziemlich genau an der Rö-
merstraße Augsburg–Salzburg. Die Vierecksanlage
hat fast 100 Meter Seitenlänge und den Toreingang
im Südwesten.

Etwa 200 solcher Schanzen gibt es in Bayern. Gehäuft findet man sie entlang der Isar und am »Gipfel-Dreieck« der Donau bei Weltenburg / Kelheim / Regensburg. Sie haben viele Gemeinsamkeiten, sind allesamt in der Grundform viereckig, besitzen einen umlaufenden, geradlinigen Wall und sind immer nur durch ein einziges Tor in der Mitte einer Seite – ist niemals die Nordseite – zugänglich.

Zunächst glaubte die Forschung jahrhundertelang an Wehranlagen, heute besteht über den, wenngleich immer noch völlig unerforschten, kultischen Hintergrund kein Zweifel mehr. Es handelt sich um Tempel, die offenbar gezielt auf Kristallisationspunkten der Erdenergie errichtet wurden. Die eine Kraft entwickelten und heute noch entwickeln, von der viele Zeitgenossen nicht einmal ahnen, dass so etwas möglich ist und unser Leben bestimmt!

Vollends bewiesen scheint die Einstufung der Viereckschanzen als Tempel und Opferstätten durch Ausgrabungen, bei denen man »Kultschächte« mit bis zu 36 Metern Tiefe freilegte.

Die Theorien über »Opferschächte« und Knochenfunde sind bis heute sehr unterschiedlich, aber fast niemand mehr bestreitet inzwischen die Erkenntnis: Die Anlagen waren keine Zweckbauten, sondern Kultplätze, magische Orte!

Doch nun zu Buchendorf: Schon in der Nähe des kleinen Parkplatzes, wenn man sich von Südwesten her der Schanze nähert, spürt der Feinfühlige eine schier unglaubliche Kraft und Wucht.

Und die Luft über dem gewaltigen Viereck! Hier stehen die Wolken immer anders als überall rundherum, es herrscht starke Thermik (Aufwind), was am Vogelflug deutlich zu beobachten ist.

Eine Hinweistafel gibt Auskunft, dass an der nordwestlichen Seite ein Tempel gestanden sei: Deutlich wahrnehmbar herrscht dort eine andere »Schwingung«.

Jeder muss aber seinen Platz selber finden, bei Buchendorf ist er zumeist in der Nähe des Tempels. Hier reißt alles nach oben.

Doch Vorsicht! Gegen Abend zu wird es hier unheimlich!

■ Wie komme ich hin?

Mit dem Auto: München – Gauting: Vor der Würmbrücke links (!), ab Richtung Buchendorf. Dort bei einer Madonna links (!) »Münchner Straße« bis »Keltenschanze«. Brotzeit mitbringen. Bei so viel Energie wächst die Laune und der Appetit!

Mit öffentlichen Verkehrsmitteln: Mit der Münchner S-Bahn (Linie 6 nach Tutzing) bis Gauting. Vom Bahnhof aus zu Fuß Richtung Kirche, die Würm überqueren, der Straße Richtung Buchendorf folgen. Die letzte Straße vor dem Ortsende links weg, dann gleich wieder rechts. Der Weg führt direkt zur Keltenschanze (insgesamt ca 2$^{1}/_{2}$ km Fußmarsch).

17 | Ein Naturtempel vor den Toren Münchens

Nebel bei Germering

Der Ort, den wir hier vorstellen, mag ruhig als einer der Geheimtipps in dem vorliegenden Buch gelten, er ist umso kraftvoller und ursprünglicher erfahrbar, weil er nicht wie die meisten solchen Plätze durch ein Bauwerk überhöht wurde.

Nennen wir einen solchen schönen Ort »Naturtempel«! Zur Begriffserklärung: Ein Naturtempel ist eine heilige Stätte, die kein Architekt errichtet hat, sondern Gottvater selbst. Es ist ein Stück herrlicher und unberührter Natur an einem besonderen Ort, der zumeist über einer nachweisbaren Wasserader oder Quelle liegt. Das, was den von Menschen erbauten »Tempel« ausmacht oder was zu einer Kirche gehört, das ist hier durch die Natur errichtet: Baum-Säulen, gewaltige Dachkonstruktionen aus Baumkronen – oder dem strahlenden Himmel selbst! – dann der magische Kreis, den zumeist Bäume, Wurzeln oder Sträucher bilden.

Empfohlen wurde mir der Naturtempel bei Nebel von klugen Heilerinnen, zumeist mit schulmedizinischer Ausbildung, die uraltes Wissen bewahren und umsichtig weitergeben.

Das Begehen solch eines Kraftfeldes wird Sie im Erkennen und Erspüren derartiger Kraftorte schulen! Denn – den Ort, der für einen selbst am wirksamsten ist, muss man auch selbst finden.

Fahren Sie von München-Pasing aus auf der Bo-
densee-Straße Richtung Westen, immer Richtung
Landsberg. Kurz nach Germering geht eine recht un-
scheinbare, kleine Straße rechts ab, Richtung Nebel.
Bald kommt der Weiler, hier kurz vor einem Pferde-
gestüt, vor dem »Haus Nr. 11«, parken.
Ab hier geht es immer die Richtung Westen anstei-
gende Wiese hinauf, flink dem Horizont entgegen,
hinter dem am Abend die Sonne versinkt – ideal ist
deshalb ein Spaziergang am späteren Nachmittag!
Bald darauf erreichen Sie das dreieckige eingezäunte
Gebiet, das einen kleinen Weiher umschließt, der sei-
nerseits in einem auffallend kreisrunden Krater vor
sich hinträumt. Wer »Schwingungen« spürt, der fühlt
sich hier sofort aufgeladen und »zentriert«: Das
heißt, er fühlt sich besonders aufgeräumt, ja glück-
lich.
Wenige Meter westlich von dem Rundweiher findet
sich eine »Schwitzhütte«, liebevoll ineinander ge-
schlungenes Geäst, oben spitz zulaufend gebaut wie
eine Indianerhütte.
Wir wollen uns jetzt an dem spürbaren Kraftort, der
sicherlich durch vielerlei Rituale »aufgeladen« wurde, erfreuen. In Sichtweite befindet sich die Quell-
fassung für die Stadt Germering. Eine Tafel weist auf
den unterirdischen linksdrehenden Wirbel hin, der
das Wasser entkeimt und auflädt. Unser Gefühl hat
sich also nicht getäuscht, wenn wir hier eine aus der
Erde kommende Strahlung zu spüren meinten!
Unser Instinkt für Kraftorte weist den Weg. Und
wieder einmal ist es die Kraft des Wassers, vor allem

der Magnetismus von schnell fließendem Wasser und von dessen Verwirbelungen.

An solchen Stätten, die sicherlich seit Urzeiten den Hellsichtigen bekannt waren, ist wirklich allerhand möglich: Heilung, spirituelles Abheben (Vorsicht: Rauschzustand!), vor allem aber Verstärkung der momentanen Stimmung.

Für Christen: Gott ist hier sehr, sehr nahe. Es muss nicht immer eine Kirche oder Kapelle dastehen. Trotzdem ist so ein Platz sicherlich »heilig«: heilend, heilsam, Heil bringend.

■ Wie komme ich hin?

Mit dem Auto: Bodenseestraße ab München-Pasing, am besten ab dem Pasinger Marienplatz. Immer westlich fahren Richtung Landsberg. Unmittelbar nach Durchfahrt durch Germering rechts der Wegweiser nach »Nebel«. Ab Haus Nr. 11 zu Fuß genau westlich. Den Rest muss jeder selber finden – und erspüren.

Mit öffentlichen Verkehrsmitteln: Mit der S-Bahn (Linie 5) bis Unterpfaffenhofen-Germering oder Gilching-Argelsried. Von dort zu Fuß weiter (ca. 3 km bzw. ca. 2 km).

Tipp

Ganz in der Nähe findet sich eine vom Lions-Club Germering gesponsorte Ausgrabung eines Ziegelbrennofens aus der Römerzeit. Sehenswert!

18 Nonnen, Hexen und ein Heiliger

Die Altoquelle bei Altomünster

Etwa in der Mitte des Dreiecks Dachau–Friedberg–Schrobenhausen gelegen, blickt der malerische Kloster- und Marktort Altomünster im Landkreis Dachau auf eine lange Vergangenheit zurück.

Wollen wir uns einstimmen mit einem Besuch des Birgittenklosters. Es wurde 1496/97 hier angesiedelt und geht auf das schwedische Mutterkloster Vadstena zurück, das 1343 von der heiligen Birgitta gegründet worden war.

Es handelt sich um einen sehr mystischen und strengen Orden mit Schweigegebot in den Arbeitsstunden. Der Legende nach schlafen die Schwestern in Särgen. Das stimmt so nicht, es steht aber, wie eine alte Frau berichtet, ein leerer Sarg im Gang zur täglichen Mahnung. Dieser geheimnisvolle Orden mit Nonnen, die sich kaum sehen lassen, prägt die Stimmung des Ortes.

Welcher Art sind die Gebete und Übungen? Wer Kräfte zu erahnen vermag, der wird hier ein eigenartiges Kribbeln bemerken …

Über die Kirche (Zentralbau, das ist immer magisch!) wäre noch viel zu sagen. Wir wollen uns aber im linken Seitenaltar, der eher okkult als christlich wirkt mit den vielen vom Rauch der Opferkerzen geschwärzten Totenschädeln, auf den magischen Hö-

hepunkt des Tages, den Besuch der Altoquelle, einstimmen.

Nun sind unsere eigenen Energien frei und aufnah-
mebereit für Birgittas Leitspruch: »Weise mir, Herr,
den Weg und mache mich willig ihn zu gehen.«

Mit solchem Denken und solcher Hingabe gestärkt
begegnen wir nun dem Missionar Alto: Auf geht's in
den Altowald.

In jener herrlichen Gegend ließ sich so um 730 der
Einsiedler nieder, wahrscheinlich einer der hart ge-
sottenen iroschottischen Wandermönche, die, zäh
wie heutige schottische Fußballer, weder Tod, Wo-
tan, Germanen noch wilde Tiere fürchteten.

Vom Frankenkönig Pippin bekam Alto dann einen
Wald zum Roden geschenkt. Dieser wahrhaft magische Forst trägt bis heute den Namen »Altowald«.
Alto gründete im Anschluss an seine Zelle ein Klös-
terlein, das er dem heiligen Bonifatius weihte.

Sie kommen in den Altowald, wenn Sie in Altomünster die Halmsrieder Straße suchen, auf dieser Straße
weiter bis zum Waldrand fahren und jetzt zu Fuß den
herrlichen Spaziergang ins lichtdurchflutete Grün
jenes Zauberwaldes unternehmen. Bald erkennen
Sie keltische Wallanlagen, wie sie für Keltenschanzen und magische Plätze geradezu typisch sind!

Und nun, wie eine Offenbarung, die Waldessenke
mit der Quelle!

Zunächst erschrickt der Besucher, denn die überle-
bensgroße Figur des Heiligen mit dem birkenen

Schlangenstab wirkt eigenartig lebendig und auf ihre Weise ist sie es auch.

Mit kühnem Schwung im Gewande steht er da, der Heilige aus dem Norden. Der Stab in seiner Rechten, der Wasser »schlägt«, ist immer ein Moses- beziehungsweise ein Wünschelruten-Motiv, denn auch Moses schlug den Felsen und es entsprang Wasser: Moses wusste halt, wie alle Eingeweihten seines Formates, den Stab als Rute zu gebrauchen und konnte so Wasseradern ausfindig machen ...

In der linken Hand hält Alto einen Kelch, in dem ein kleiner Erlöser sitzt.

Die imposante Figur im kühlen Quellen- und Waldesgrund blickt genau nach Süden. Zu seinen Füßen, wo aus einer Felsennische das heilende Wasser sprudelt, da ist die Kraft – nennen wir es ruhig: die Magie des Ortes – am größten.

Zu erwähnen bleiben zahlreiche »Hexenschnüre«, farbige Bänder und Wollfäden, die des Heiligen Hand umspinnen und überall in der näheren Umgebung der Quelle von den Ästen baumeln.

Die Schnüre und Bänder sind immer in drei Farben gehalten: Schwarz, Weiß und Rot. Die Farben wehen für schwarze und weiße Magie und für Blut.

Der Liebhaber »magischer Orte« findet vor allem an Quellen, die eine besondere »Strahlung« haben (also eine ungewöhnlich starke Lebenskraft), solche Ritual-Schnüre. Sie sind ein sicheres Zeichen für eine moderne Frauenreligion, die hier im Wald zu bestimmten Zeiten (Vollmond, erster Mai, Walpurgisnacht, Sonnwend ...) Rituale feiert.

■ Wie komme ich hin?

Mit dem Auto: A8 München–Stuttgart, Ausfahrt Odelzhausen. Von dort zunächst nach Erdweg, dann links Richtung Altomünster.

Mit öffentlichen Verkehrsmitteln: Mit Münchner S-Bahn (Linie 2 nach Petershausen) oder Regional-express bis Dachau. Von dort mit Regionalbahn nach Altomünster.

Dann zu Fuß weiter. Und selber suchen. Schilder im Wald sind eher versteckt als offensichtlich: Auch Alto hat gesucht …

19 Eine Quelle der Kaiser und Heiligen

Die Ulrichskapelle am Waldrand bei Eresing

Heute führt der Weg zu einem der liebenswertesten Kraftorte in Oberbayern: zur Ulrichskapelle nämlich, gar nicht weit entfernt von dem bekannten und weit in die Umgebung hinein »strahlenden« Kloster St. Ottilien.

Frömmigkeit verbindet sich hier wahrhaftig mit Poesie; ein Kapellchen, das über eine Wiese erreichbar ist, dem wirklichen Kraftfeld übrigens, lacht den Benutzer des dort zu findenden Heilwassers regelrecht an. Der Legende nach soll sich an dieser Quelle sogar dereinst der heilige Ulrich gelabt haben. Zum Dank für die erfahrene Erquickung hat er dann die Örtlichkeit samt dem heilenden Wasser gesegnet. Der Brunnen wurde nun zum »Gnadenbronnen« zu Eresing.

Sagen sind immer mit vielen Körnchen Wahrheit ausgestattet: Und so eine Sage erzählt uns, dass der legendäre Stauferkaiser Friedrich II. auf seinem Zug durch die Gegend im Jahr 1224 von dieser Quelle Gebrauch gemacht hätte. Vier Jahre, nachdem die weltberühmten Carmina Burana entstanden sind.

Die Kapelle steht gleichsam schützend hinter dem Brunnenhaus, das selber wie die eigentliche Kapelle wirkt und an Strahlkraft der Kapelle weit überlegen ist. Dieses hochspirituelle Brunnenhaus lädt mit drei

Rundbögen zum Nähertreten und Wasserschöpfen ein.

Man sagte mir, dass der Genuss oder das Benetzen der Augen mit diesem Wasser zu Lichtvisionen führen kann. Tatsächlich ist es mir selber so ergangen, logische Erklärungen dafür gibt es nicht.

Die Kapelle, ein hoch gezogenes Kirchlein mit spitz in den bayerischen Himmel ragendem Kirchturm, steht eher auf dem »dunklen« Platz und ist zumeist versperrt; sie hat zudem eine Klausnerwohnung und wurde als Stiftung des Hofmarksherrn Franz Füll zu Windach 1618 erbaut. Ein Stein an der Nordseite kündet davon: F. F. Z. W. 1618. Das Brunnenhaus wurde im Jahre 1666 errichtet.

An der Rückwand über den Quellen thront der heilige Ulrich.

Über dem Heiligen im Brunnhaus diese Inschrift:

> *Das graue Altertum*
> *Erzählt von diesem Brunn,*
> *Dass große Wunderding'*
> *Dies Gnadenwasser bring.*
> *St. Ulrich ist nicht z'alt,*
> *Vertrau dich seiner G'walt,*
> *Er dir noch helfen kann,*
> *Ruf an nur seinen Nam,*
> *Brauch diesen Gnadenquell,*
> *Erstarket Leib und Seel.*

Über einen hübschen Holzsteg lässt sich das Wasser zum Benutzer umleiten.

■ **Wie komme ich hin?**

Mit dem Auto: Autobahn Lindau, Ausfahrt Windach, Richtung St. Ottilien; kurz vor Eresing links,
über die Wiese gehen, aber langsam …!

Mit öffentlichen Verkehrsmitteln: Mit der Bahn bis
St. Ottilien (Bahnstrecke Augsburg–Weilheim). Wer
von München (oder aus dem Allgäu) kommt, muss in
Geltendorf (Endpunkt der S4) umsteigen. Eresing
liegt etwa 1 1/2 km südwestlich von St. Ottilien. Im
Süden des Klosterareals zweigt ein Strässchen dorthin ab.

20 Eine »Tankstelle« der Lebenskraft
Autobahnkirche Adelsried bei Augsburg

Zeit ist Gnade – Zeit ist Chance.
Vor uns liegt eine Jahrtausendwende. Wie durch ein
großes Tor schreitend beginnen wir in einigen Mona-
ten einen neuen Abschnitt unserer Zeitrechnung.
Zweitausend Jahre seit der Geburt Jesu in Bethlehem
liegen hinter uns. Wir können zurückschauen und
sollen es auch. – Was sind zweitausend Jahre? Un-
überschaubar, schon gar nicht erlebbar. Aber jeder
macht seine Erfahrungen in der Zeit.

Dieser Satz aus dem Gästebrief des Bischofs von
Bamberg zur Ferien- und Fahrsaison 1999 möge der
Beschäftigung mit der besonderen Magie einer Auto-
bahnkapelle oder -kirche vorangestellt sein.
Autobahnkirchen sind immer äußerst magisch.
Meine Erklärung dafür ist die folgende: Sie »liegen
am Weg« und laden sich damit beständig neu auf
durch die Polarität des in gegeneinander liegende
Richtungen verlaufenden Verkehrs, das heißt, durch
die Wirkung von zwei entgegengesetzten Kräften.
Ein Beispiel zur Veranschaulichung: Reiben Sie einen
Pingpongball zwischen den Handflächen, also zwischen zwei Kräften mit gegenläufiger Richtung.
Ganz klar, der Ball dreht sich, er rotiert. Die Wirkung genau dieser Kraft können Sie an einer Autobahnkirche erleben. Drehkräfte, Schwindelgefühl.

Zwei Autobahnkirchen in Bayern haben diese so besondere Kraft: Windach (»Maria am Wege« an der BAB München–Landsberg, A 96) und eben »Maria, Schutz der Reisenden« bei Adelsried.

1958 wurde die Autobahnkirche Adelsried von einer Industriellenfamilie gestiftet und im selben Jahr erbaut. Wer sich ihr nähert, kann sich der Kraft, die durch eine bewusst eingeplante Symbolik der Bauformen und -verhältnisse geschaffen wurde, kaum entziehen.

Schon der Fußweg vom Parkplatz aus offenbart sich als spiritueller Erlebnispfad, der schließlich an einem magischen Rundstein mit sprudelnder Wasserfontäne endet. Genau hier sollten Sie verweilen und auftanken, im geistigen Sinne, versteht sich.

Und »lesen« Sie die Symbole. Es wimmelt hier davon: Kreis, Dreieck, Kreuz, Spirale …

In dem ausliegenden und viel benutzten Eintragungsbuch häufen sich in letzter Zeit die flehentlichen Bitten um das Gelingen einer Partnerschaft – und der Dank für Erhörung. Die Kapelle und der Ort, auf dem sie steht, verbinden also! Schließlich ist dies hier ein Platz zwischen Verbindungen, nicht nur des Straßenverkehrs!

Wer in die Kirche eintritt, der sollte gleich bei dem Portal auf dem Plateau mit Sicht zum Altar innehalten. Als ich an dieser Stelle stand, hatte ich den Eindruck: Die Kraft hier folgt einer Drehbewegung. Vielleicht ist uns nicht umsonst vor der Kirche das Spiralmotiv in der Anlagengestaltung begegnet!

▨ Wie komme ich hin?

Mit dem Auto: Die Kirche liegt an der Autobahn München–Stuttgart bei Kilometer 64,4 und ist zu erreichen über die Ausfahrt Adelsried.

21 Am Tor zur Unendlichkeit

Hinterstein bei Hindelang

Das Allgäu ist für den Liebhaber magischer Orte immer wieder für Überraschungen gut. Sagen wir es so: Das Allgäu ist das »bayerische Tibet«! Nicht umsonst haben hier immer schon religiöse Schwärmer, Spinner, Gurus, Sekten und Okkultisten aller dunklen Farbschattierungen Hochkonjunktur. Liegt es an der Höhenlage, der starken Strahlung des dunklen Felsengesteins oder am hell flammenden Föhnlicht?

Heute sei ein Ort verraten von so zauberhafter spiritueller Magie, von so durchdachter und durchgeistigter Illusionskraft, dass meiner Meinung nach so-gar die Feste Neuschwanstein blass dagegen erscheint.

Es handelt sich um einen »magischen Garten«, der bewusst so angelegt wurde zwischen einem hohen, steil abbrechenden Bergmassiv und einem klaren Gebirgsfluss. Fährt man von Sonthofen über Hindelang das Tal der Ostrach aufwärts, gelangt man nach Hinterstein.

Genau hier hat ein Mann, der dereinst das Priesteramt angestrebt hat, seinen Traum von Magie, Religion und Kultplatz verwirklicht.

»Kutschenmuseum« nennt sich das Areal Im Schlauchen Nr. 20. Eigentlich müsste es heißen: »Magischer

Zaubergarten, Spiegelkabinett inmitten des Schnitt-
punktes mehrerer starker Erdenergien«.

Musst du heut noch viel bewegen
oder lieber dir begegnen!

Dieser Spruch steht vor einem beeindruckenden dort
ausgestellten Leichengefährt, einer Beerdigungskut-
sche, die etwa hundert Jahre alt und mit silbernen
Cherubinen geschmückt ist.
Doch statt Tod spürt der Besucher sich selber, spürt
auch Transzendenz …
Nicht umsonst ist auf dem kleinen Handzettel, der
(nur hier vor Ort!) verteilt wird, eben dieser von
einem Pferdegespann zu ziehende Totenwagen aus
vergangener Zeit zu sehen.
In dem Fall aber bedeutet der »Wagen zur Ewigkeit«
überhaupt nichts Trauriges; schnell gewinnt der Besucher den Eindruck, dass hier, an solch magischem
Platz, das Thema Tod nichts Endgültiges oder gar
Bedrückendes darstellt. Es handelt sich vielmehr um
das Erkennen von Symbolen! Und die Kutsche steht
da für Suche und Unterwegssein. Eben nicht in das
Totenreich wird man entführt oder in ein Reich der
Vergängnis, nein, es ist so, dass eine Tür geöffnet
wird …

Genau diese magische Tür aus schwerem Metall,
beidseitig mit Spiegeln eingelegt, muss der Ankom-
mende durchschreiten. Und, wohin führt der Weg?
Von hier, wo die Kraft am stärksten ist, führt der Weg

in die Ewigkeit; ich bin sicher: Wir stehen an einem kosmischen Einfallstor!

Und dann – die Grotte!

Die Grotte wurde in einen Erdhügel hineingetrieben und sie bietet dem staunenden Besucher alles, was die Faszination einer Kirche ausmachen kann – allerdings ohne Formalismus und Traditionen.

Das tiefrote »Altar«-Bild erinnert an eine sehr andere Maria: nicht an die vollkommen Entrückte (in Blautönen), sondern die liebende Frau und Gebärerin.

In »Kybalion«, einer sehr guten Studie über hermetische Gesetze (also über Grundgesetze der Magie, der Erdkräfte) steht: »Wenn der Mensch das Universum, von dem er ein Teil ist, betrachtet, sieht er nichts als den Wandel in der Materie. Er sieht, dass nichts in Wirklichkeit ist, sondern dass alles wird und sich ändert. Nichts steht still, alles wird geboren, wächst und stirbt …«

Dieses »Gesetz des Rhythmus« der Hermetik mag uns den Blick auf eine wissende, göttliche Madonna, Gebärerin, nehmende, gebende und liebende Frau richten, an einem Ort, der dafür nicht geeigneter sein könnte!

■ Wie komme ich hin?

Mit dem Auto: Von Kempten Richtung Sonthofen, hier Richtung Füssen nach Hindelang. In Hindelang südlich (rechts ab) nach Hinterstein.

Mit öffentlichen Verkehrsmitteln: Vom Bahnhof Sonthofen (Bahnstrecke Immenstadt–Oberstdorf)

besteht eine brauchbare Busverbindung nach Hinterstein. Fahrplanauskunft über das Verkehrsamt
Sonthofen (Tel.: 08321/615–291).
Genaue Adresse des »Kutschenmuseums«: Im Schlauchen, Haus Nr. 20.

22 | Fast eine Geisterburg

Burgberg bei Sonthofen im Allgäu

Nun aber ein Kraftort für Leser mit starken Nerven: Burgberg im Allgäu, ganz nahe bei Sonthofen gelegen. Der Ort schmiegt sich geradezu an den 1738 Meter hohen Grünten, ein fast ebenmäßig kegelförmiges Bergmassiv, das von einem hohen Sendemasten dominiert wird. Nicht weit weg liegt auch der Ort Immenstadt am nicht minder magisch-mystisch wirkenden Großen Alpsee.

Schon die Anfahrt auf Burgberg zu, bei Stein an der bekannten Burgruine Laubenberg-Stein vorbei, die am Anfang des 13. Jahrhunderts von den Augsburger Bischöfen als Schutz für die dortige Zollbrücke errichtet worden ist und die in der Nacht schauerlich-schön beleuchtet wird, stimmt den Suchenden magischer Orte auf Burgberg ein!

In Burgberg selber, einem lieblichen Urlaubsort mit zauberhaften, gepflegten Häusern, führt der Weg südlich, um einen aufgelassenen Friedhof herum, bald zur Ruine der Feste Burgberg.

Interessant ist die Jahreszahl der Gründung. Sie steht auf einem eingelassenen Stein im Inneren eines der wuchtigen Fensterstöcke der vor langer Zeit zerstörten Trotzmauer: 1140!

Machen wir uns diese Zeitspanne klar: 1119 wurde der Templerorden in Jerusalem gegründet, seit 1137 gibt es die Johanniter, die nach ihrer Übersiedlung nach Malta bis heute »Malteser« genannt werden. Hat etwa diese unglaublich stark »strahlende« Ruine mit der geheimen Bruderschaft der Tempelritter und deren dunklen Geheimnissen zu tun?

Die Feste Burgberg, dies soll hier unzweifelhaft dargestellt sein, ist nicht unbedingt ein »guter« Ort. Mehrere Besuche, auch mit Freunden, haben immer wieder zu dem Ergebnis geführt: Hier stimmt etwas nicht!

Und wirklich, die ortsansässigen und geschichtskundigen Anrainer wissen: Eine reine Kampfburg war das, nur Fehde, Grausamkeit und Verwünschung gingen von ihr aus. Sollte etwa der Platz vor der düster aufragenden Mauer der Ruine Burgberg immer noch von »Wesenheiten« besetzt sein? Fast scheint es so.

Nach mehrmaligen Recherchen und wiederholten Besuchen auf dem Ruinenplatz haben wir noch mehr erfahren: Es gab einen geheimen Gang zwischen der Ruine Burgberg und der nahen Ruine Fluhenstein! Und dieser Gang führte sozusagen »über« die Starzlachklamm. Nämlich so: Der erste Tunnel endet bei der Klamm und auf der anderen Seite des wilden Wassers beginnt der zweite Tunnel.

Einige mysteriöse Funde wurden immer wieder gemacht. Und das Eigenartige ist: Nie wollte jemand so recht nachforschen, was es mit den Gängen auf sich hatte.?

Auf einer Wiese neben dem ersten Gang findet sich ein Marterl, das von »heiliger Mission« spricht. – Wieder die Tempelritter? Wir wissen es nicht.

Aber es sieht danach aus, dass die beiden Gänge von dunklen Geheimnissen umgeben sind.

■ Wie komme ich hin?

Mit dem Auto: Über Kempten nach Sonthofen. Dort Richtung Immenstadt. Bald, bei Stein (Ruine!), Richtung Burgberg, direkt am Fuß des Grünten. Ab dem Friedhof zu Fuß alles erwandern!

Mit öffentlichen Verkehrsmitteln: Das Kursbuch der Deutschen Bahn AG 1999/2000 wies eine Busverbindung von Sonthofen (Bahnstation an der Strecke Immenstadt-Oberstdorf) aus, die aber nicht täglich und nur wenige Male am Tag verkehrt. Besser stellt man sich auf einen kleinen Fußmarsch ein – von Sonthofen oder vom Bahnhof Blaibach (ebenfalls an der Strecke Immenstadt-Oberstdorf) nach Burgberg (3 bzw. 2^1/$_2$ km).

Tipp

Bei der Anfahrt ab Kempten, Richtung Sonthofen, bei Martinszell die – inzwischen populär gewordene – »Kraftplatte« an der Iller besuchen. Also Richtung Immenstadt, dann ab nach Martinszell. Hier durch den Ort, am Ortsende nicht links über die Iller, sondern geradeaus weiter. Die Straße macht eine leichte Rechtskurve, dann kommt bald der Parkplatz.

Von einem Wünschelrutengänger ist diese Platte entdeckt worden, inzwischen wurde sie mit einem magischen Kreis und mit Fuß-Markierungen versehen. Pilger aus ganz Europa kommen zu dieser

tatsächlich so genannten »magischen Platte« und lernen hier das Prickeln unter den Fußsohlen kennen.
Aber ein Kraftort, für den man bisweilen, wie hier, in
der Schlange anstehen muss, ist nicht jedermanns
Sache.

23 Tempelwächter über dem Allgäu
Der Grünten

Auch dieser »Kraftort-Trip« ist wahrlich nichts für schwache Nerven! Ich hatte noch mehrere Tage nach dem Aufenthalt unter dem 90 Meter hohen Sendemasten auf dem Grünten und dem anschließenden Besuch des »Jägerdenkmals« einen handfesten Kater. Dieses bemerkenswerte Denkmal wurde zum Gedenken an Gefallene des Ersten Weltkrieges errichtet, ein mystischer, kreisrunder Totentempel auf dem höchsten und »strahlendsten« Punkt dieses eigenartigen Berges

Eine Wirkung, die bei extrem magischen Plätzen immer wieder auftauchen kann: Solche Orte berauschen. Sagen wir ruhig: Sie sind eine Naturdroge – allerdings ohne Nebenwirkungen. Außer man betrachtet Gesundheit, Ausdauer und Kondition, diese sichtbaren Nebenwirkungen des Kraftfeld-Wanderns, als schädlich.

Nach solchen Vorüberlegungen aber schnell hinauf auf den Grünten. Die Route ist in der Literatur als »leichte Bergwanderung« angegeben, ab Rettenberg, Kranzberg oder Burgberg (unserem Ausgangspunkt, wir haben ja schon die Burg besucht), dauert's etwa zwei Stunden bis nach oben. Das lohnt immer, denn der Berg steht wie ein Tempelwächter im Allgäu, seine Aussichtsmöglichkeiten sind gigantisch: Bis zum Bodensee geht der Blick und an schönen Tagen soll mit einem guten Fernglas das Ulmer Münster zu erkennen sein!

Nun aber zu der Sendeanlage des Bayerischen Rundfunks oben auf dem Gipfel: Wer direkt darunter steht und eine »Antenne« für Kraftfelder hat (das setzen wir bei den Lesern dieses Buches voraus), der wird eine nach oben reißende Energie spüren.

Und die schwarze Wolke! Selbst bei hellem Sonnenschein ringsum bleibt über dem Gipfel des Grünten, eben genau über dem genannten Sendeturm, eine schwarze Wolke stehen: der Beweis dafür, dass elektrostatische Aufladung Feuchtigkeit »anzieht«, dass also Wetter »gemacht« werden kann!

Die Stimmung hier oben ist unheimlich. Denn da waltet offensichtlich eine Kraft, die über das bloße Hinausschicken von Radio- und Fernsehwellen weit hinausreicht. Die Wolke sieht wirklich bedrohlich aus. Ist sie es auch?

Aber jetzt geht die magische Tour erst los: Wir steigen (im Winter über ein nicht ungefährliches Schneewehenfeld, Vorsicht!) noch 200 Meter weiter zum »Jägerdenkmal«. Ein magischer Totentempel, der seinesgleichen sucht, sowohl, was den Ort, als auch was die Architektur betrifft: eine kreisrunde, innen hohle, begehbare, sich nach oben verjüngende Totensäule, gefertigt aus Steinen von Schlachtfeldern und, wie eine Tafel verrät, mit Erde aus einem Grab »aufgeladen«. Tatsächlich wurde hier Grabeserde ins Mauerwerk eingearbeitet. Das Ganze steht auf einem steinernen, altarförmig gemauerten Plateau …

Solche Kriegsgefallenenverehrung mag sicherlich nicht jedermanns Sache sein. Aber der Ort ist beeindruckend!

Wer sich mit Zahlensymbolik auskennt, für den sind die ins Mauerwerk eingelassenen Tafeln eine Offenbarung. Stets dominiert die Neun.

■ Wie komme ich hin?

Mit dem Auto: Siehe auch unter »Burgberg« in diesem Buch: Über Kempten nach Sonthofen. Dort Richtung Immenstadt. Bald, bei der Ruine und dem Ort »Stein«, Richtung Burgberg am Fuße des Grünten. Parkplatz »Grünten« ausgeschildert.

Mit öffentlichen Verkehrsmitteln: Vom Bahnhof Blaibach oder Sonthofen (beide an der Strecke Immenstadt–Oberstdorf) zu Fuß nach Burgberg. Siehe auch Seite 93, Anreise nach Burgberg.

24 Ein Dom, von der Natur erbaut
Die »Judenkirche« bei Tiefenbach im Allgäu

Nördlich von Oberstdorf im Allgäu liegt Tiefenbach. Der Weg dorthin führt von Immenstadt und Sont-hofen kommend hinter Langenwang rechts weg und folgt dann der klaren, reißenden Breitach aufwärts in kühnen Serpentinen bis Tiefenbach. Der Fluss hat hier den wütenden, eingepferchten und tosenden Weg durch die wilde Breitachklamm schon hinter sich. Erlöst, doch immer noch gefährlich zieht er seine Bahn, stromschnellenflink über glatt geschliffene Flusskiesel hinweg.

In dieser herrlichen Berglandschaft gibt es viel zu entdecken: In Tiefenbach angelangt beginnen wir einen interessanten Fußweg bergauf zu begehen, bis zur Kirche, die außerhalb der wenigen Häuser liegt. Auf dem sie umgebenden Friedhof sind regelrechte Schmetterlingsgeschwader sichtbar, die zur Sommerszeit fast alle auf ganz bestimmten Gräbern sitzen – ein Anzeichen, dass Kirche und Friedhof in einem energiereichen Feld liegen. Tiere spüren die Kraft!

Übrigens ist diese der heiligen Barbara geweihte Kirche 1458 erbaut worden. Über ihre besondere Energie gibt eine Teufelssage Auskunft, bei der einer der Teufel »schneller als ein Frauengedanke« sein soll ...
Interessant sind das Maurer-Zeichen an der äußeren Kirchenwand und das Zeichen des Rotary-Clubs,

dem wir die Renovierung des Gotteshauses verdanken (1982).

Gleich hinter dem Friedhof wenden wir uns nach links, also Richtung Norden, und folgen dem hölzernen Wegweiser »zur Judenkirche«.

Der Aufstieg bringt uns an einer der ältesten bekannten Höhlen der Höhlen-Steinzeit vorbei. Ein Schild erklärt uns, dass das nun unten liegende Tiefenbacher Tal vor Urzeiten ein tiefer See war, an dessen Ufer sich eben diese Höhle höhengleich befand. Übrigens, auch die Kirchturmspitze ist exakt höhengleich mit dem früheren Wasserspiegel. Zufall?

Der Aufstieg zur Judenkirche – noch wissen wir nicht, was das ist – gestaltet sich wie eine Offenbarung: über grobes, wucherndes Wurzelwerk und abgeschliffene Felsen hinweg, entlang einer hunderte Meter hohen Felswand aus glatt gewaschenem Granit.

Dann aber gelangen wir unversehens in einen kreisrunden Kultplatz hinein, einen wahrhaft »magischen« Ort, wie er wuchtiger und wirkungsstärker gar nicht sein könnte! Denn die »Judenkirche« ist ein von der Natur selber errichteter Dom, eine gewaltige Arena mit gigantischer Eigenschwingung, ganz aus Naturfels. An einer Seite, nach Westen hin, formt dieser Felsen sich zum kühnen, haushohen Rundbogenportal, das majestätisch an den Ernst und die Würde dieses Platzes gemahnt!

In den Felsnischen der Wände dieses Naturtempels sehen wir mehrere Feuerstellen, die auf kultische Handlungen schließen lassen. Ich hatte das Gefühl,

an einer Raum-Zeit-Schleuse zu stehen, die unsere
irdische Gegenwart mit der Ewigkeit verbindet.
»Die gesamte Schöpfung ist ausnahmslos erfüllt von
schwingender Energie. Wir bezeichnen sie als Natur-
gesetze. In diesen Regulierungsmechanismen oder
Gesetzen, denen alles unterworfen ist, können wir
getrost den Willen Gottes als die – wie wir gesehen
haben – über aller Schöpfung stehende Kraft sehen.
Sie stellen ja nicht ein von Philosophen oder Theolo-
gen zusammengedachtes Denkgebäude dar, sie sind
absolute, lebendige und allgegenwärtige Realität!«
Dies schreibt Anton Stangl in einem grundlegenden
Werk über das Pendeln, dem ja auch die »Grund-
schwingung« des Kosmos zugrunde liegt. In der Judenkirche aber wird der Besucher selber zum Pendel!

Wie komme ich hin?
Mit dem Auto: Nach Tiefenbach, also ab Sonthofen
immer Richtung Oberstdorf, vorher (etwa 2 km hinter Langenwang) rechts ab.
Den Fußweg von Tiefenbach aus zur »Judenkirche«
selber finden und erfragen! Die Gehzeit von Tiefenbach beträgt einfach ca. 1/2 Stunde.
Mit öffentlichen Verkehrsmitteln: Wer mit dem Zug
anreist, sollte die »Judenkirche« vom Bahnhof Langenwang (Strecke Immenstadt–Oberstdorf) aus erwandern. Etwa einen halben Kilometer der Hauptstraße Richtung Oberstdorf folgen, dann rechts hinauf nach Jägersberg. Von dort der Beschilderung
zur Judenkirche folgen.
Gehzeit: ca. 1 Stunde (einfach).

25 Ein magisches Dreieck in den Feldern

Jahrsdorf bei Hilpoltstein

Das nun vor unserem geistigen Auge aufscheinende »magische Fleckerl« gibt beredt davon Zeugnis, dass es sich bei all den »besonderen« Punkten in Bayern keineswegs immer um außergewöhnliche Orte, Landschaftspunkte oder Bauwerke handeln muss – so wie etwa den atemberaubenden Bamberger Dom. Nein, man kann, darf und soll durchaus seine eigenen magischen Punkte entdecken und auch benennen.

Eine befreundete Ärztin ist überzeugt, dass derjenige, der seinen Ort finden kann, dann auch in der Lage ist im eigenen Körper den »Kraftort«, also den magischen Flecken, zu finden – und zu aktivieren. Denn auch der menschliche Körper hat seine Landschafts-Meridiane. Die Meister von Akupunktur, Massage und ganzheitlichen Heilkünsten geben davon ein beredtes Zeugnis.

Wir aber wollen uns nach Hilpoltstein begeben, am Rand des »Naturparks Altmühltal« gelegen, etwa zwischen Roth und Weißenburg. Dort, nördlich des wunderschönen Flusstales, suchen wir den Ort Jahrsdorf.

Über lieblich geschwungene Felder kommen wir dorthin; von weitem grüßt die Kirche. Und genau der Dorfplatz vor der wuchtigen alten Dorfkirche ist unser Ziel.

Von hier aus führt eine Dorfstraße genau nach Westen, wir folgen diesem Pfad, immer der untergehenden Sonne entgegen.

Ideale Zeit zur Findung des »magischen Ortes«: Mai, Juni, so gegen sieben oder acht Uhr abends. Man braucht dann nur der Sonne zu folgen.

Schließlich geht die Dorfstraße in einen Feldweg über. Und dort – zwischen drei Weiden – erhebt sich ein verwittertes, gusseisernes Feldkreuz auf zerklüftetem, steinernem Sockel. Die eingravierte Jahreszahl lautet 1957. Sehr auffallend steht dieses Marterl genau in der Mitte des gleichschenkligen Dreiecks, das aus den drei Weiden gebildet wird. Der Schmuck (wer bringt ihn an?) ist zudem recht seltsam. Es deutet hier alles auf verborgene Rituale zu nächtlichen Zeiten hin!

▪ Wie komme ich hin?

Mit dem Auto: Autobahn Nürnberg–München (A9), Abfahrt »Hilpoltstein«. Von der Ausfahrt ein Stück Richtung Hilpoltsein fahren (nordwestlich) fahren, Jahrsdorf liegt rechts, abseits der Hauptstraße. Das Kreuz muss ein wenig gesucht werden – wie jeder magische Ort!

26 Uralte und modernste Kraftorte auf engstem Raum

Würzburg

Ehe die Berge geboren wurden,
die Erde entstand und das Weltall,
bist du, o Gott, von Ewigkeit zu Ewigkeit.
Du lässt die Menschen zurückkehren zum Staub
und sprichst: »Kommt wieder, ihr Menschen!«
(aus Psalm 90)

Was wir in diesem Kapitel als den wirksamsten Kraftort Würzburgs kennen lernen werden, wird sicher manchen Leser überraschen.

Wir reden nämlich nicht über die weltberühmte Residenz mit den ebenso bekannten Tiepolo-Fresken. Auch nicht über die Festung auf dem Marienberg, die auf altem Keltenhügel stolz mit der ganzen Würde des Mittelalters prangt, soll hier berichtet werden.

Uns interessiert die Autobahn-Raststätte.

Die Raststätte »Würzburg« mit ebendiesem herrlichen Blick, der kühn über die Stadt mit den oben genannten Prunkbauten schweifen kann, ein Blick, der sich dann nach Nordosten verliert und an der gegenüber auf ihrer Anhöhe liegenden Festung Marienberg einen Fixpunkt findet.

Übrigens, das habe ich an fast allen Autobahn-Raststätten verspürt: dass nämlich dort die »Kraft« besonders stark waltet. Schon in dem Kapitel über die Autobahnkirche Adelsried (Seite 84) habe ich erläutert, wie ich mir das erkläre: Der in zwei Richtungen durchbrausende Verkehr mit seinen gegenläufigen Energien wirkt wie ein Reibungsdynamo. Wie seltsam, dass so wenige sich dessen bewusst sind.

Im Übrigen ist es unübersehbar, dass »an Wegstrecken« von alters her Wallfahrtsstätten entstanden, Wegkreuze gesteckt und Altäre errichtet wurden. Besonders stark spürbar ist diese »Magie« bei Autobahnkapellen, vor allem Windach in Oberbayern oder eben, wie in diesem Buch beschrieben, Adelsried, nicht umsonst der Maria geweiht!

Nun aber zur Raststätte Würzburg, zu dem dort an genau der richtigen Stelle stehenden modernen Kunstwerk: einer polierten stählernen Wendel, die aufgestellt wurde an der kühnen Mauerbrüstung des Parkplatzes. So »schraubt« sie sich über die Mauer hinweg. Eine sehr beeindruckende Mauer von halber Höhe, die den Blick freigibt über Weinberge hinweg, über den Main und die herrliche fränkische Landschaft, die sich irgendwo im Osten verliert.

Wichtig ist zu wissen, dass dieses Kunstobjekt eher ein magisches Signal darstellt und dass es genau auf einem magischen Ort Bayerns steht!

Und wer richtig steht, der kann jetzt genau durch die Öffnung der linksdrehenden Spirale auf die Festung Marienberg blicken und damit auf einen alten keltischen Kraftort.

Bald wird klar, dass diese sich gegenüberliegenden Anhöhen, nämlich der Rastplatz und der majestätisch bebaute Keltenhügel, miteinander korrespondieren.

Wenden wir dann, immer noch vor der magischen Spirale stehend, den Blick nach links, also nach Norden, dann sehen wir in einiger Entfernung die »Frankenwarte«, einen alten Turm, der von fünf pfeilerartigen Sendemasten flankiert wird. Wieder wird klar: Wir stehen im Fokus einer kilometerweit wirkenden, sowohl spirituellen wie auch materiellen (technischen) Sende-Großanlage.

Wie sehr diese Gegend »geladen« ist, zeigt ein Geschehen, das sich genau in der Zeit der Fertigstellung dieses Buches abspielte: Im Kloster Himmelspforten, Nähe Veitshöchheim, ebenfalls in Blickrichtung von unserem magischen Platz aus gelegen, tagte kurz vor dem 24. Juni 1999, also dem Johannistag, die Deutsche Bischofskonferenz um über die päpstliche Order zur Schwangerenberatung zu entscheiden. Ausgerechnet während der Konferenz fuhr am Tagungsort ein Blitz in einen Baum.
Einen Splitter aus diesem Baum zeigte der Vorsitzende der deutschen Bischofskonferenz, Karl Lehmann, den Journalisten – so ist er auf der ersten Seite der Süddeutschen Zeitung vom 24. Juni 1999 zu sehen. Was für ein schönes Datum, für den, der die Symbolik von Zahlen und Feiertagen zu lesen versteht!
Der Einschub soll nur sagen: Magische Orte, magische Flächen, sie stehen immer wieder in direktem Zusammenhang mit geschichtlichen Ereignissen!
Unser Rastplatz aber, er ist im wahrsten Sinne eine »Ruhe auf der Flucht«, die vielen vorbeibrausenden Autos ändern daran nichts.

■ Wie komme ich hin?

Mit dem Auto: Die Raststätte liegt an der A3 im Bereich Würzburg, zwischen den Ausfahrten Würzburg-Randersacker und Würzburg-Heidingsfeld.

Tipp

Von unserem Standpunkt aus rechts liegt Randersacker. Ein kleiner Ausflug dorthin lohnt sich immer! Wer den Wein genießen will: Auto stehen lassen!

27 Ein »Sternentor« für Feinfühlige
Festung Johannisburg über Aschaffenburg

Ein Besuch der monumental die Stadt Aschaffenburg dominierenden Festung Johannisburg, die hochherrschaftlich und majestätisch in rotem Sandstein alles überragt, »was darunter liegt«, dieser Besuch sollte absichtlich dort begonnen werden, wo gegenteilige Kräfte walten: Das ist die direkt unter der Burgmauer befindliche, malerische Stelle des Mainufers, ein nahezu aufreizend schöner Platz, der auch als Anlegestelle für private Bootseigner benutzt wird.
Aber der Ort ist sehr unruhig. Die vielen Obdachlosen, die hier ihr Leben verbringen, auf den Main starren und billigen Fusel trinken, sind nur ein äußeres Zeichen für die Grundstimmung dieses Platzes. Für magische Orte gilt sowieso: Schönheit kann täuschen. Und umgekehrt kann ein profan aussehendes Plätzchen ungeheure Wirkung abstrahlen. Hier, direkt unterhalb der Festung, herrscht eine wirklich eigenartige Schwingung!

Dann geht's hinauf zur Burg!
Diese begeht man auf ideale Weise, wenn man an der beschriebenen Stelle den Aufstieg beginnt und erst einmal, immer dem Mainufer zugewandt, die enorm hohe und durchaus bedrohliche Mauer entlangläuft, dann die große Freitreppe hinaufsteigt an dem herrlichen Kräutergarten vorbeigeht.

Dass hier alles »nach oben reißt«, wird schon an der sichtbaren Thermik deutlich. Zur Zeit meines Besuches Ende Mai herrschte starker Pollenflug und die enormen Aufwinde ließen sich mit bloßem Auge an den weißen Blütenstaubwolken erkennen!

Der Höhepunkt ist dann ein raffiniert barockisierend gestaltetes Sandstein-Tor, das zunächst keine Funktion zu haben scheint. Eigentlich rahmt dieses wundersame Tor nur den Blick ein, der von hier weit über den Main schweifen kann.

Beachtet man aber dann die Symbolik der Ornamente und den spitzen Obelisken mit insgesamt acht Ecken, wird bald klar: Das Tor ist bewusst an dieser Stelle gebaut worden und hat symbolische Bedeutung. Dieser Platz ist das, was der Kenner ein »Stargate« nennt, ein »Sternentor«: Hier fliegen die Gedanken in den Himmel. Und da der Mensch ist, was er denkt, fliegt er gleich mit. Wer hier verweilt, der hat sofort gute Laune.

Im Inneren der Festung ließ sich kein besonderer Kraftplatz finden. Sehenswert aber ist im Westflügel die Sammlung weltberühmter Maler. Das Bildnis eines Ehepaares nimmt gefangen: Die Alten verfolgen den Betrachter mit den Augen, nicht nur das, sie scheinen sogar die Köpfe zu wenden.

Aber die Spielchen unguter Magie sollen nicht Thema dieses Buches sein. Übrigens wurde dieses Doppelbildnis 1669 gemalt. Das verleitet dazu, an das Spiel der Zahlen zu glauben!

Nach einem Besuch der Festung sollte man sich außen an dem »Sternentor« ruhig nochmals »auftan-

ken«. Vielleicht, um im nahe gelegenen, lieblichen
Spessart andere Orte zu entdecken (siehe auch Mespelbrunn im folgenden Kapitel).

■ **Wie komme ich hin?**
Mit dem Auto: Ab Frankfurt Autobahn Richtung
Würzburg. Aschaffenburg ist dann sehr gut ausgeschildert. Und die alles überragende Burg fällt sofort
ins Auge.
Mit öffentlichen Verkehrsmitteln: Aschaffenburg ist
hervorragend per Bahn erreichbar, auch ICE, IC-
und EC-Züge halten hier.

28 Im Herzen des Spessart
Mespelbrunn

Inmitten rauschender Wälder liegt in einem ver-schwiegenen Wiesengrunde Schloss Mespelbrunn in einem stillen, klaren Weiher, umfangen vom Mär-chenzauber entrückter Waldeinsamkeit, den nur von Zeit zu Zeit ein kreischend aufflatternder Vogel un-terbricht oder ein Reh, das leichtfüßig durch ra-schelnde Büsche springt. Mittelalterliche Handels-straßen hielten sich schon, wie heute noch die Auto-bahn, in respektvoller Distanz etwas abseits dieser seligen Waldeinsamkeit, um durch Nachbartäler und über blauende Höhen in die Ferne zu eilen.

Aus der hellen Sommerhitze locker gestreuter Dör-fer führt der Weg in die dunkle Kühle der Buchen- und Eichengründe zu dem entlegenen Waldschlosse hin, dessen bemooste Giebelfront und Türme, unter dunklen Schieferhauben im klaren Wasser festlich spiegelnd, sich verdoppeln ...

Poetischer und die echte Magie dieses Ensembles im tiefen Wald treffender erfassend hätte es keiner sagen können! Der hingebungsvolle Text stammt von Pro-fessor Dr. Max H. von Freeden und ist einer liebevoll aufgemachten kleinen Schrift mit dem Titel »Schloß Mespelbrunn« entnommen, die vor Ort erhältlich ist. Aber ...

Weil hier wirklich alles so wunderbar sich offenbart

und die Kraft des Ortes so spürbar waltet, hat sich dort – leider – ein handfester Bus-Tourismus breit gemacht. Ein in den 50er Jahren erfolgreicher Film »Das Wirtshaus im Spessart«, der vor dieser Traumkulisse abgedreht wurde und bis heute Menschen anzieht, tut ein Übriges. Deshalb ist es gar nicht mehr so einfach, die »strahlendsten« Punkte zu erspüren.

Blanche Merz, eine Schweizer Kraftort-Expertin, erklärt dies so: »Die Strahlung des Ortes und diejenige des Menschen beeinflussen sich wechselseitig. Besuchen Tausende von Menschen tagsüber einen berühmten Kraftort, nimmt die Qualität der Ortsstrahlung ab, wird sozusagen von der Menschenmasse aufgesaugt ...«

Der Pyramiden- und Kraftfeldforscher Manfred Dimde meint wiederum in dem phantastischen Buch »Die Heilkraft der Pyramiden«, dass solche Orte bewusst Kraft aus den Touristenströmen saugen um sich aufzuladen.

Wollen wir uns in Mespelbrunn aber nicht von den begeisterten Ausflüglern ablenken lassen! Denn, wie so oft: Da, wo keiner hinschaut, da funkt es!

Das ist – wir stehen vor dem Schloss und betrachten die berühmte Spiegelung im Wasser – links eine kleine, dicht mit Laubwald bestandene Anhöhe: ein magischer Hügel, auf dem das Sonnenlicht sich herrlich zwischen Stämmen, Ästen und hellen Blättern fängt. Wer Gefühl hat, findet hier bald seine Stelle. Ruhe kehrt ein, dazu gesellt sich das so typische Hochgefühl, ein Gedankensturm kann toben oder aber wohltuende Gedankenleere den Geist regenerieren.

Noch ein magischer Platz inmitten der Leute, aber eigenartigerweise von diesen unbeachtet: ein Brunnen, der in dem für die Gegend so typischen roten Sandstein errichtet ist und der direkt vor dem Schloss und dem Burggraben-See steht.

■ Wie komme ich hin?

Mit dem Auto: Mespelbrunn liegt 18 Kilometer ostwärts von Aschaffenburg (Main), Autobahnausfahrt Weibersbrunn. Von dort zunächst westlich nach Hessenthal, dann südlich nach Mespelbrunn.

Mit öffentlichen Verkehrsmitteln: Mit Buslinie 40 besteht von Aschaffenburg aus eine brauchbare Verbindung nach Mespelbrunn.

29 | Mystischer Turm im magischen Kreis

Burgruine Wallberg bei Eltmann

Allein schon die Anfahrt ist ein Erlebnis: von Würzburg her kommend, über Schweinfurt, dann durch den »Schwarzen Berg« bei Haßfurt hindurch. Die A 70 wird zu einer Traumstraße der Gefühle und abwechselnden Schwingungen. Dann aber, bei Eltmann, taucht auf lockender Höhe zur Rechten ein frei stehender Turm auf. Der Suchende kann gar nicht anders als dort hin!

Und der Weg lohnt sich. Nicht umsonst befindet sich ganz in der Nähe ein Kelten-Erlebnisweg. Durch das freundliche Städtchen Eltmann hindurch geht's dann hinauf zu dem so lockenden Turm, der bei näherer Betrachtung tatsächlich inmitten einer keltischen Ringanlage steht. Ein klassischer magischer Kreis also, in dessen Mittelpunkt der mystische Turm nach oben ragt. Ortskundige erklären, dass es sich dereinst um eine Fliehburg gegen die Slawen gehandelt hat. Wir sind nämlich in jenem Grenzbereich, wo sich im frühen Mittelalter Slawen angesiedelt haben, wie die Flussnamen auf »-itz« erkennen lassen (die Itz, die Regnitz etc). Außerdem war dieser Platz eine Henkerstätte …

Vor allem aber: Der Ort nimmt einen ein, wie so viele magische Plätze das tun, aus einer vermeintlich verbrachten Viertelstunde werden schnell zwei Stunden (weil die Zeit anderen Gesetzen folgt)!

Den Grund für dieses an echten »Kraftorten« und magischen Plätzen so oft auftauchende Phänomen zu erklären, das würde im Rahmen dieses Buches zu weit führen. Hier soll alles »so leicht wie möglich sein« – und magische Plätze sind ja selber auch leicht begreiflich: nur hingehen und zulassen, was dort an Wirkung spürbar ist.

Muss man denn für alles eine schlüssige Erklärung haben? Magische Orte existieren einfach. Und sie sind spürbar.

Wer tiefer in die Geheimnisse vordringen will, dem sei – neben vielen anderen hervorragenden Werken – das Buch »Das Erwachen der neuen Erde« von Gregg Braden empfohlen, in dem dieser erklärt: »Die Schöpfungsenergie wird ›hinuntergezogen‹ in die Gussform. Dadurch wird ihre Schwingungsfrequenz immer langsamer und kristallisiert sich zu den bekannten Formen der Schöpfung. Es existiert eine ganz fundamentale Bindung zwischen Schwingung und Geometrie.«

Und tatsächlich fällt die geometrische Struktur, das Auftreten von Kreisen, Dreiecken, Linien und ähnlichen Figuren, an magischen Plätzen auf. Und augenscheinlicher als hier in dieser Ringanlage kann Geometrie kaum in Erscheinung treten: kreisrunder Turm, kreisrunder Keltenwall, Eingang des Turmes genau nach Süden, also zum Licht. Vorgelagert ist ein runder Brunnen mit zwei magischen Säulen.

Im Westen des steinernen Turmes gibt es einen klassischen »Naturtempel«: nämlich die kreisrunde Feuerstelle, von sieben wuchtigen Bäumen natürlich eingefasst. Die Linien von Kreis zu Kreis ergeben wiederum ein Dreieck! Tipp: An diesem magischen Ort gute zwei verbringen.

■ Wie komme ich hin?

Mit dem Auto: Am besten ab Würzburg westlich, Richtung Schweinfurt, dann Richtung Bamberg. Bei Eltmann ist rechts auf dem Berg der Turm nicht zu übersehen.

Mit öffentlichen Verkehrsmitteln: Mit der Bahn bis Ebelsbach (Strecke Bamberg–Schweinfurt). Eltmann liegt südlich dieses Ortes (ca. 1 km Fußweg).

30 Die Magie des weltbekannten »Reiters«

Der Bamberger Dom

Im Jahr 902 wird Bamberg erstmals urkundlich erwähnt. Den als Königsgut eingezogenen Besitz der Babenberger, eines ostfränkischen Grafengeschlechts, schenkte Kaiser Otto II. 973 dem Vater des späteren Kaisers Heinrich II., mitsamt der mächtigen Burg auf dem heutigen Domberg. Heinrich II. wiederum gab 997 diese Besitzung seiner Braut, der späteren Kaiserin Kunigunde, als Morgengabe.

Ein typischer Bau der phantastischen, aus der Geschichte wie ein Karfunkel herausstrahlenden Stauferzeit! In der Blüte des Mittelalters entstanden, an der Schwelle von der Romanik zur Gotik.

Prälat Luitgar Göller, der Domkapitular, ließ zum Pfingstfest des Jahres 1999 jenen Text in dem weltberühmten und noch lange nicht ausgeloteten Dom auflegen, jenen Text aus der Apostelgeschichte, der das Pfingstereignis in so unglaublich donnernden Worten schildert: ein idealer Zugang für uns in das geistige Gebäude des Domes!

Als der Pfingsttag gekommen war, befanden sich alle am gleichen O r t (!). Da erhob sich vom Himmel her ein Brausen, wie wenn ein heftiger Sturm daherfährt. Und es erscheinen Zungen wie von Feuer. Alle wurden mit heiligem Geist erfüllt, denn jeder hörte sie in seiner Sprache reden.

Nach solcher Einstimmung suchen wir nun den Reiter. Wir stellen uns so, dass die Blickrichtung des edlen steinernen Ritters über unseren Kopf hinweggeht. Genau auf dieser – äußerst magischen! – Raumabschnitt-Diagonale wird jeder seinen Kraftort finden.

Nun gehen wir, vom Reiter aus, das linke Seitenschiff zurück und verlassen die Kirche durch die »Gnadenpforte«. Außen stehen wir somit vor der Ostapsis, blicken auf diese brennglasähnlich jede Kraft einsammelnde Pforte mit den beschwörenden Rundbögen und lassen uns von der Stimmung an diesem Punkt gefangen nehmen. Und genau dann sollte man zum Bamberger Reiter zurückkehren und dessen Standpunkt meditierend betrachten. Exakt die gedachte Linie, die vom Kopf des Pferdes senkrecht zum Boden führt, weist uns den magischen Platz!

Wer hier steht oder ganz in der Nähe zur Krypta sich aufhält, für scheint sich die Welt zu drehen.

Vielleicht kann uns auch das Amulett des Reiters Auskunft geben über geheimes Wissen, das er mit sich führt: Handelt es sich bei dem Medaillon doch um die deutlich erkennbare Symbolik der »heiligen Geometrie«!

Das heißt: Symbolisch wird hier versucht den Urgedanken der Schöpfung verschlüsselt sichtbar zu machen! Eine genauere Deutung würde über den Rahmen dieses Buches hinausgehen.

Das Symbol ist vom Boden her, also vom Betrachter aus, kaum zu sehen, jeder gedruckte Domführer aber hat eine gute Fotografie: Warum ist es den Blicken entzogen …?

Noch ein Hinweis: die Zeigerichtung des rechten Zeigefingers. Diese steht im rechten Winkel zur Blickrichtung.

Insgesamt wirkt der Besuch der Stätte im wahrsten Sinne des Wortes Schwindel erregend. Und den Dom von Bamberg verlässt keiner so, wie er hineingegangen ist! Wer wirklich seinen Gott sucht: Hier kann man ihn finden!

■ Wie komme ich hin?

Mit dem Auto: Bamberg liegt am Kreuzungspunkt der A 70 (Ost–West) mit der A 73 (Nord–Süd).

Mit öffentlichen Verkehrsmitteln: Bamberg ist gut per Bahn zu erreichen. Unter anderem halten hier alle IC-Züge der Linie München–Berlin (Stand: Frühjahr 2000).

31 Der Weg als Ziel

Pflaums Posthotel in Pegnitz

Nach innen geht der geheimnisvolle Weg. In uns oder nirgends ist die Ewigkeit mit ihren Welten.
Novalis

Es mag sich der »sinnende Enthusiast« noch so sehr abgemüht haben zu verstehen, was es denn mit der Blauen Blume auf sich haben mag, von der uns die Romantiker erzählen.

Wenige Augenblicke schon in Pflaums Posthotel bringen den geistig Suchenden dem Ziel näher, im wahrsten Sinne des Wortes. Denn das Geist-Reich manifestiert sich immer dann, wenn die Umsetzung einer Idee in die Tat vollkommen gelingen. Gelungen ist hier alles und man dürfte die Beschreibung jetzt schon schließen, etwa mit dem Satz: Das Wort ist Geist geworden, der Geist indes schafft Tatsachen und bei diesem »Gast-Raum«, dem realen und geistigen gleichermaßen, sind »Esprit« und Realität so sehr zur Einheit verschmolzen, dass deren Trennung schwer fiele. Trennung ist bei »Pflaum« auch überhaupt nicht der Sinn, vielmehr das Zusammenfügen, die harmonische Einheit, nicht nur der Künste.

Kein Gast und kein Besucher kann sich diesem Einheitserlebnis entziehen, einer Gesamtschau der hohen Kunst von Führung und Ver-Führung auf höchster Ebene, denn das Hotel, besser: die Herberge im ur-eigentlichen Sinn, das Gebäude, es versteht sich als Gesamtkunstwerk ganz im Sinne Wagners.

Und *leitmotivisch* taucht er auf, der Gral, aus dem allerdings mehr Humor und All-Weisheit quellen, als zunächst zu vermuten war; er taucht auf, blau schimmernd eher als smaragdgrün, aus dem Gesamtboden des Wissens, der Suche und der Einweihung: Der Gast wird nun verführt, was er gern zulässt, mutiert zum willigen »Opfer« höchster Wertigkeit, tritt staunend ein in die klingende und schmeckende Oase der Synästhesie aus Kultur, Tradition, Geschichte, Geist und Zukunft! Übrigens – die Vergangenheit wird gratis mitgeliefert.

Solche Zeit-Spannen erlauben es, das Jetzt ganz und gar zu goutieren, der Gast nimmt wahrhaft teil, sieht sich sofort als Akteur, als wichtigster Teil vielleicht eines »Rings« gewagter (gewagnerter?) und zugleich geistvoll-verspielter Tisch-Inszenierungen, eines Crescendos von Zimmern, Ensembles und Suiten, die »angewandtes Wissen« dokumentieren; umgesetzten Geist, Erleben, Initiation:

Welcher Lebendige, Sinnbegabte, liebt nicht, vor allen Wundererscheinungen des verbreiteten Raums um ihn, das allerfreuliche Licht – mit seinen Farben, seinen Strahlen und Wogen; seiner milden Allgegenwart, als weckender Tag. Wie des Lebens innerste Seele …

Halt! Das war eben nicht der Eindruck eines Gastes, der in Pflaums Gesamtkunstwerk den Tag sinnend beginnt, das war der Anfang der »Hymnen an die Nacht« von Novalis. Kein Wunder, dass die Handschrift des Dichters die blauen Ränder der Tische schmückt, dass man glaubt, Heinrich von Ofterdingen sei eben noch hier gewesen … Es ist ein Teil des Geistes, der Räume, Service und Ausstattung vollendet durchdringt.

Denn Veränderung ist das Ziel: Der Gast möge verändert werden, transformiert durch die zahlreichen Einzelerlebnisse, die dann, einzeln zum Ganzen gewoben, jene Zauberformel ergeben, die da lautet: Wohlbefinden!

In dem Wort »Befinden« steckt nun gar nicht umsonst das Finden. Und es ist so: Hier findet wirklich jeder, was er sucht und mit Geld allein nie wird finden können. Der Gast muss sich selbst einbringen in das märchenhafte Ganzheitserlebnis, eben in das Reise-Ziel, das wiederum einen Spaziergang ergibt mit vielen Zielen, durch drei Jahrhunderte und elf Generationen. So lautet denn die Geheim(nis)formel: eintauchen und nacherleben.

Zurück zur Romantik: Wackenroder und Tieck schufen in suchendem Geist diese neue Art von Reisebeschreibung oder, etwas salopper gesagt, wenn nicht zu leichtgewichtig: die Romantik mit ihren »Wege«-Programmatiken und, daraus folgernd, den Entwicklungs- und Reiseromanen. Sie war wohl der Beginn des modernen Tourismus. Tourismus im Sinne von Unterwegs-Sein allerdings, »auf höchster

Ebene«, und eben daran knüpft Pflaums Posthotel in der denkbar konsequentesten Weise an!

»Wer hat, dem wird gegeben.« Ein Bibelwort, das sich hier mit mystischer Erdschwere – wir werden bei der Unterwelt-Grotte noch davon reden! – verbindet, wie eben der Gral das Christen- und Heidentum aneinander kettet, mit geistigen Schnüren freilich.

Wagner!

Die magische Ausstrahlung von Bayreuth und dem Grünen Hügel ist es, was die Besonderheit dieses Ortes ausmacht. Und das Flair der Gäste: Kaiser, Könige, Bischöfe, Kardinäle. Wäre es denn da, wo Kunst das Hauptgericht abgibt, wäre es da noch verwunderlich, dass die Begum, der Aga Khan, Kissinger, Bernstein, Glenn Close, John Travolta und Michael Jackson zu denen gehörten, die nicht genannt sein wollen?

Nimmt's Wunder, dass Domingo als »Erstschläfer« die Parsifal-Suite einweihte, dass Bernstein für das Haus komponierte (Pflaums Prélude); dass Jean Paul Getty, Willy Brandt und Hans-Dietrich Genscher hier waren?

Kunst ist Vorspeise, Nachspeise, Grundnahrung; die Kunst der Gäste steigert sich zu deren Mit-Erleben der Räume und der Speisen, so dass es nicht erstaunt, wenn bedeutende Designer, als jüngste Kinder »der Künste«, hier Suiten gestaltet haben. Ein Rundgang durch das Suiten-Festspiel nimmt den Besucher mehr mit, als der Besuch der Uffizien in Florenz dies vermöchte: Kaum jemand kann sich der Wirkung

solcher Räume (gestaltet etwa von Rosenthal, Ob-
liers) entziehen!

Nur ein Beispiel! »Venus in Blau«: keine Nachspeise,
sondern wirklich eine Suite, eine der modernsten
und dreist-verrücktesten, in der je Menschengeist
»ruhte« (»Schlafen« wäre das falsche Wort bei
Pflaum). Von der International Hotel Association in
New York wurde dieses blaue Wunder mit dem Gol-
denen Schlüssel ausgezeichnet. Übrigens, nur einer
der Design-Preise, die Pflaum verbuchen darf.

Diese Venus-Suite wäre allein schon den Bericht
wert, der nördliche Sternenhimmel über dem Schla-
fenden erklärt die gelungenste Synthese aus Technik,
Witz, Handwerkskunst, Geist, aber auch geistiger
Vermessenheit. Das eben ist es: Handwerkskunst.
Handwerk als Kunst, dazu Funktionalität, die Verbindung zum 18. Jahrhundert und die Tatsache, dass
Seelenwerte niemals auf der Rechnung stehen können.

Hier wird dem, der hinschaut, eines sichtbar, das Geheimnis des Erfolgs nämlich! Wirklich kein Wunder,
dass noch keiner der hier weilenden Sportvereine
(Bayern, Ajax) verloren hat, kein Wunder auch, dass
der Mut zur »Einsamkeit in fränkischer Landschaft«
höchste Qualität (seit 1707) und absolute Identität
im »Erfolgsleben« (der Art, folgerichtig zu leben) geradezu herausfordern.

Alles, was an ein Hotel erinnert, bleibt fern, was
überbleibt, ist Suche nach Wahrheit, Kunst, Religion
und Toleranz; alles kristallisiert sich in der Pris-
menbildung höchsten Handwerks in Schönheit,

Weisheit, Stärke ... eigentlich dem Anliegen der Logen ...

Niveau wird selbstverständlich wie Verstehen überhaupt, die höchste Ebene zum Erleben. Essen (über die Küche ist nicht zu schreiben, sie ist zu erleben als Ganzheit), Schlafen, Sinnen, Verweilen: Alles wird in der Tat Weihefestspiel des sinnenden Daseins. Es spielt durchaus eine Rolle, dass Kaiser Karl IV. auf seinen Reisen nach Prag in Pegnitz Erholung fand und dem Ort die Stadtrechte geschenkt hat!

Nun aber, daran anknüpfend, bekommt jeder, der sich hier aufhält, ein »geistiges Gastrecht« geschenkt. Wieder steht der Mensch und sein Geist im Mittelpunkt.

Statt einer Einzelbeschreibung der Zimmer sei hier angemerkt: Keines gleicht dem anderen, ein Rundgang durch das Haus wird zum Wandern durch Jahrhunderte. Wie in der Schöpfung ist alles verschieden und alles fügt sich zur Einheit.

Kunst im recht eigentlich religiösen Sinn!

27 Kilometer sind es bis zum Festspielort, wer aber die Räume »begeht«, der sieht gar noch die Festspiele auf dem Hügel als Teil der Pflaum'schen Gesamtkunst.

Zu dieser Einheit, die das Posthotel mitprägt, gehört die Vielheit und »eins« von vielem wäre Nürnberg mit der Spielekultur (bei Pflaum in den meisten Zimmern sicht- und spielbar), dazu die mystischen Wasser der Pegnitz (Wasser ist allgegenwärtig in diesem Haus), die Rolle auch von Fitness, Wellness, seelischer Oasenstimmung!

Ein Übriges tun das breite Angebot der vegetari-
schen Küche für den, der sie sucht, der Zaubergarten
auch, der sich wohl-weislich »Klingsohrs Zaubergarten« benennt. Handwerk ist und bleibt in allem das
Fundament, das hierorts anspruchsvollste Menschen
der Welt zusammenführt: Schon sind wir bei dem gewaltigen geistigen Gebäude, das, Stein für Stein,
durchscheint.

Golfen und Fliegenfischen gehören als Möglichkeit
zum spirituellen Akt der Lichtsuche, in fränkischer
Urlandschaft freilich, und genau hier sei Andreas
Pflaum zitiert: »Ohne Religion würde man in der
Gastronomie scheitern.«

Wie »es« in der Tiefe ruht, so ruht der Gast, sich ver-
tiefend: Da sind wir ganz oben in der Ebene des Ta-
gens und gehen nun ganz weit hinunter: Wer diesen
Fitness-Bereich aufsucht und sich in der angebote-
nen Designer-Bade-Oase »Orpheus in der Unter-
welt« wiederfindet; wer die aus tausenden Metern
der fränkischen Schweiz gehobenen und kunstvoll
verarbeiteten schwarzen Steine in der mit Lichtblit-
zen durchzüngelten Badegrotte sieht und staunend
erkennt, der versteht auch die Rolle der überall im
Hotel versteckten Zauberflöten-Requisiten. Auch
der Hausherr lässt sich nicht ungern mit einem Son-
nenrequisit ablichten. Sonne ist allgegenwärtig, sogar
im Design mancher Kaffeetassen, Trinkschalen, die
sogar Sonnengötter erfreut hätten.

■ Wie komme ich hin?

Mit dem Auto: A 9 München–Berlin, Ausfahrt Pegnitz-Grafenwöhr (zwischen Nürnberg und Bayreuth).

Mit öffentlichen Verkehrsmitteln: Pegnitz ist gut mit der Bahn zu erreichen. Die Regionalexpresszüge Nürnberg–Bayreuth / Hof schaffen eine flotte und komfortable Verbindung.

32 | Eine Goldader und ein teuflischer Stein

Am Osser

Es ranken sich zahlreiche Sagen und Legenden um den Osser, jenen geheimnisvollen Berg im Lamer Winkel. Wie es bei einem so uralten und gewaltigen Steinmassiv nicht anders sein kann, handeln viele dieser Osser-Sagen von verborgenen Schätzen in der Tiefe!

So wird erzählt, dass der Bayernherzog Wilhelm ein rechter Förderer des Bergbaues in dieser Gegend gewesen sein soll. Auch ließ er eine Zeche errichten, die heute noch unter dem Namen »Fürstenzeche« bekannt ist.

Als die Bergleute den Stollen schon recht tief in das Ossermassiv hineingetrieben hatten, da stießen sie plötzlich auf eine starke Goldader. Jetzt, da das teuflische Blendwerk, dem so viele Menschen schon erlegen sind, vor ihnen lag, da ergriff die ehedem biederen Arbeiter eine ungute Raffgier und Falschheit. Einige von ihnen schlugen hastig vor, den Fund dem Herzog als Besitzer der Zeche zu verschweigen und den gewaltigen Schatz selber zu nutzen!

Unter den Falschen ist stets ein Gerechter: Der wollte sich an dem Betrug nicht beteiligen. Da erschlugen sie ihn. Jetzt war keiner mehr da, so glaubten sie, der die Untreue hätte verraten können. Sie vergruben den Ermordeten in finsterer Nacht in der Abraumhalde.

Als sie anderentags wieder in den Stollen einsteigen, da war der Gang ein langes Stück weit eingestürzt.

Einer falschen Reue folgend, die wohl eher Berechnung war als Schuldtilgung oder Wiedergutmachung, da huben sie an, den Ermordeten freizuschaufeln. Alles vergebens. Sie fanden weder ihn noch die Goldader je wieder.

Aber zu gemeinen Mördern waren sie geworden.

Der Lamer Winkel ist schon seit langem ein beliebtes Erholungsgebiet. Ganz in der Nähe von Lam beginnt der Weg zum Osser, der immer einen Aufstieg lohnt. Wunderbar geschwungen ist die Landschaft hier und doch so kraftvoll!

Übrigens führt der Weg zum Osser hinauf über »Himmelreich« und einen gar wundersamen Kreuzweg, vorbei an einer Gnadenkapelle, »nach oben«.

Bald begegnet dem Kraftort-Sucher dann ein Steinmonument, das allerdings dem Teufel gewidmet ist. Er muss sich hier ganz furchtbar geärgert haben, der Höllenfürst: Eine Sage erzählt, dass er wegen einem nicht erfüllten (Teufels-)Pakt vor Wut mit dem Huf in diesen (magischen) Stein getreten hat.

Und die Stelle, an der er dies tat, ist teuflisch!

Eine unbändige Kraft herrscht hier, die aber – Teufel hin oder her – eher gute Laune macht als Angst.

■ Wie komme ich hin?

Mit dem Auto: Aus Richtung Oberbayern oder Niederbayern über Deggendorf, Viechtach, Kötzting nach Lam. Aus Richtung Osten fährt man über Regensburg bzw. Schwandorf und Cham.

Mit öffentlichen Verkehrsmitteln: Anreise nach Lam per Bahn ist möglich, aber ein bisschen umständlich: Über Cham (Strecke Schwandorf–Furth im Wald) – Kötzting. Sich auf jeden Fall rechtzeitig vor der Fahrt Fahrplaninformationen besorgen und dabei genau auf das »Kleingedruckte« (Einschränkungen bei den Verkehrstagen) achten!

Dann zu Fuß über »Himmelreich«. Am Sattel (da, wo die Marien-Gnadenkapelle steht) bald nach der Einmündung des Lambacher Weges linker Hand – der Kraftstein.

33 Wo schon Bruder Konrad Kraft tankte

Die Holzkapelle bei Bad Birnbach

Östlich von Bad Birnbach steht, tief im Wald gelegen, die so genannte »Holzkapelle«.

Es ist ein Ort, dem man Heiligkeit und Heilungsenergie nachsagt.

Sie ist von einer riesengroßen Buche mit linksdrehendem Stamm flankiert. Solche wie Spiralen in sich selber verwundenen Stämme begegnen uns oft, wenn wir magische Orte erkennen und aufsuchen. Denn Kraftorte sind oft auf Störzonen zu finden und Pflanzen reagieren auf die Erdkraft mehr als empfindlich.

Von Birnbach aus, oben auf dem Kirchberg, wandern wir, der Beschilderung des Wanderweges Nr. 5 folgend, immer geradeaus Richtung Osten. Dieser Weg, zunächst »Klostergasse« genannt, führt rechts an dem lichtdurchwobenen Friedhof vorbei und dann zu einem ebenso höhenhellen Rastplatz, der so genannten »Schönen Aussicht«.

Dieses magische Hochplateau wird von fünf Kastanien gesäumt. Daneben der Quellbezirk, von neun alten Bäumen bewacht!

Hier scheint tatsächlich der Boden unter den Füßen zu vibrieren.

Ab dieser »Schönen Aussicht« führt der Weg über weltentrückt schöne und lieblich sich dem Betrachter öffnende Höhenzüge, dann bald hinein in den Wald und an einem Kreuzweg vorbei.

Ideal ist für eine Begehung dieses Meditationspfads die Fastenzeit, also die Zeitspanne im Jahr, an der das Leiden von Jesus Christus im Mittelpunkt des religiösen Denkens steht. Kenner schwärmen davon, dass dieser Weg (wie übrigens alle Kreuzwege!) stark »abladend« ist: Man kann also an solchen Wege, Kreuzungen und Wegpunkten seine Sorgen und alles, was einen bedrückt, »abgeben«. Ich selbst habe die Holzkapelle übrigens an einem Gründonnerstag aufgesucht.

Die Kapelle taucht wie eine Offenbarung aus dem Wald auf. Stärker kann ein »magischer Platz« kaum aufgeladen sein. Ist es da noch verwunderlich, dass der heilige Bruder Konrad von Parzham (1818–1894) hier dereinst ausgeruht und mit seinem Gott geredet hat?

Die Kapelle steht ohne Turm da, durch einen Holzlattenrost gibt sie den Blick frei in ihr Inneres: Votivtafeln, Gebetserhörungstexte frommer Pilger und rührende Devotionalien.

Die Ausstrahlung und Kraft der Kapelle lässt sich nicht besser und treffender schildern als durch den über dem Altar aufgemalten Spruch:

> *Bruder Konrad, hilf uns allen,*
> *Die wir zur Kapelle wallen.*
> *Zu Mariens Waldkapelle,*
> *Hilf im Sterben unsrer Seele!*

131

Die Wundertätigkeit dieser Kapelle dokumentieren Zeugnisse der Menschen, die hier Hilfe gefunden haben. So schrieb sich hier ein Glaubender ein: »Danke, Bruder Konrad, dass ich wieder aus eigener Kraft hierhergehen darf.«

Dazu passt ein Wort des heiligen Bruders Konrad aus seinen Gesprächen: »Habt nur Vertrauen auf den Lieben Gott, so wird es schon recht werden.«

■ Wie komme ich hin?

Mit dem Auto: Ab München am alten Flughafengelände vorbei (Riem / Daglfing), Richtung Mühldorf, dann Altötting, über Neuötting nach Eggenfelden.

Hier ist überall Pfarrkirchen ausgeschildert, ab Pfarrkirchen Richtung Passau (B 388), nach wenigen Kilometern links ab »Bad Birnbach«.

Mit öffentlichen Verkehrsmitteln: Bad Birnbach hat über die so genannte »Rotttalbahn« Mühldorf–Neumarkt-St. Veit–Passau eine brauchbare Bahnanbindung.

Wanderweg 5 ab Kirchplatz siehe obiger Text. Gute Laune und gutes Wetter sind ideale Voraussetzungen!

34 Ein »Energiequell« am Fuß des Watzmann

St. Bartholomä am Königssee

Heute nähern wir uns »unserem« magischen Ort per Schiff. Von Berchtesgaden aus begeben wir uns, immer im Schatten des majestätischen Watzmann-Massivs, hinter zum tief smaragdgrünen Königssee. Wer sich für dergleichen interessiert, kann die halsbrecherische Rodelbahn besichtigen, bevor er beim »Malerwinkel« auf das Schiff steigt. Über wahrhaft abgrundtiefe Fluten gleiten wir dem Ziele zu.

Unsere Fahrt, die an der Seelände begonnen hat, führt an der Insel Christlieger und der Falkensteinwand vorbei bis zur Haltestelle Kessel – ein Ort, den eine sehr düstere Sage umgibt. Hauptziel der Besucher des Sees indes ist die nächste Haltestelle, St. Bartholomä, das ehemalige königliche Jagdschloss. Schon 1134 ist dort eine kleine Kirche errichtet worden.

Die Kunstgeschichte soll uns an diesem ganz und gar einmaligen Ort nicht interessieren! Der Flecken ist magisch – und wie!

Wir wissen heute durch die Forschungsergebnisse bedeutender Geomanten, dass die Kraft, Wucht und Energie eines Gebirgsmassives – ebenso einer Pyramide, und ein spitz nach oben zulaufendes Massiv darf als solche bezeichnet werden – dass also die Massen-Energie an irgendeinem Punkt in der Nähe des Berges nach oben »sprudelt«: ein feinstofflicher

Quell, der mit einem artesischen Brunnen vergleichbar ist.

Und St. Bartholomä ist solch ein »magischer Springbrunnen«!

Mit gutem Schuhwerk kann man bis zur »Eiskapelle« am Fuß der Watzmann-Ostwand wandern: Das ist ein gewaltiges domartiges Eis- Gewölbe, das niemals taut.

Die »Strahlung« hier ist gewaltig!

Bezeichnenderweise gelten manche Punkte der Landschaft als schwarzmagisch: Obersalzberg (!), Untersberg, schließlich die Watzmann-Ostwand, deren Faszination für Todessüchtige zu denken gibt. Wer aber mit den Kräften weise umgeht, der erlebt hier, vor allem am Eisdom und vor der Kirche St. Bartholomä, eine wahre »Aufladung«!

■ Wie komme ich hin?

Mit dem Auto: Nach Berchtesgaden über die Autobahn München–Salzburg, Ausfahrt Bad Reichenhall. Ab Berchtesgaden Richtung Königssee.

Mit öffentlichen Verkehrsmitteln: Mit dem Zug besteht über Freilassing (Strecke München–Salzburg) eine recht gute Verbindung nach Berchtesgaden. Vom Bahnhof Berchtesgaden fahren mit relativ dichter Frequenz Busse zum Königssee.

Ab da ist jeder, ob Auto- oder Bahnfahrer, auf die staatliche bayerische Seenschifffahrt angewiesen. Während der Hauptsaison lange Wartezeiten auf das nächste noch nicht ausgebuchte Schiff einkalkulieren!

Andechs und der Zusammenhang der magischen Orte

Noch einige Anregungen für Kraftort-Wanderer

Irgendwie hängen alle Kraftorte zusammen – nicht nur geometrisch, also in zusammenhängenden Linien. Der »Zusammenhang« ist weitaus vielschichtiger. Und wer dieses Buch liest und neugierig wird, macht sich vielleicht auf die Reise und wird bald merken, dass es auch merkwürdige historische Verbindungen zwischen diesen Orten gibt.

Beispiel Andechs: Ein wesentlicher Teil des legendären wunderwirksamen Schatzes war in dem »Forstenrieder Mirakelkreuz« versteckt. Der Name rührt daher, dass es sich heute in Forstenried befindet und dass man ihm Wunderkraft nachrühmt. Zwischen 1170 und 1180 (Zeit der Gralsmythen und Tempelritter in höchster Blüte) soll dieses Kreuz vom Benediktinerpater Alban in Seeon geschaffen worden sein.

Zufällig stoßen wir also auf *Kloster Seeon*, der Leser möge Näheres erkunden. Mir persönlich war aber die nahe gelegene Eggstätter Seenplatte lieber, dort habe ich meine Orte gefunden und im Nachwort (»Eine Danksagung am Ende«) beschrieben.

Wer über das Kreuz und die Forstenrieder Wallfahrtskirche »Heilig Kreuz«, überhaupt über Wunder, mehr wissen will, möge mein Buch »Wunder in Bayern« lesen. Wunderorte sind allesamt auch Kraftplätze!

Zurück zu Andechs: Von hier aus führt die Spur auch zu der geheimnisvollen *Insel Wörth im Staffelsee.* Wer sich hierhin aufmacht und nach dem Sinn und Ergebnis der mysteriösen Grabungen der letzten Jahre forscht – ein vergessenes Kloster wurde gesucht – der sollte sich auf echte Magie, Ortsmagie und viel Geheimnistuerei gefasst machen. Hier wird Kraftortforschung zum echten Abenteuer!

Im Sommer 1998 waren die Reste der Ausgrabungen zu erkennen. Meine Begleitung, eine Ärztin, hat die dort auf dem Grab(ungs)feld zum Kreis angeordneten Knochen eindeutig als Menschenknochen identifiziert.

Die Zeitschrift Efodon will erfahren haben, dass sich der Lions-Club und die Gemeinde Seehausen die Grabungen 750 000 DM haben kosten lassen. Angeblich ist auch kein Kloster »Wörth« gefunden worden. Wozu der Aufwand?

Interessant war die Reaktion der Ortsansässigen nach den Grabungen. Auf alle Fragen gab es erschrockene, irreführende und ausweichende Antworten.

Also, liebe Leserinnen und Leser, nichts wie hin, mit dem Kahn bei Iffeldorf übersetzen, eine mysteriöse Anhöhe hoch: Kraft spüren und noch mehr Grusel erleben!

Die »Entdeckung« der Anhöhe auf dem kleinen Eiland mit der eigenartigen Kapelle, vor der das kreisrunde Grabungsfeld immer noch an der Vegetation erkennbar ist, sollte aber für den Liebhaber magischer Orte ein Höhepunkt sein.

Es prickelt hier wirklich unter den Fußsohlen, es kreuzen sich wohl mehrere Strahlungsgitter.

Andechs, Seeon, Wörth (Seeon ist über Rosenheim erreichbar, Wörth im Staffelsee über die Garmischer Autobahn oder mit der Eisenbahn, Strecke München–Garmisch-Partenkirchen–Innsbruck, Bahnhof Murnau): Zur »Wirkung« muss gesagt werden, dass sie viel stärker ist, als die meisten sich auch nur träumen lassen. Schließlich sind an all diesen Orten Herrschaftsstrukturen errichtet worden.

Nun sei in diesem Zusammenhang auch noch *Altötting* genannt. Es ist, neben Andechs, der größte und bedeutendste Marienwallfahrtsort Deutschlands. Dort wirkte der in einem eigenen Text beschriebene Bruder Konrad von Parzham. Seine »Holzkapelle« bei Birnbach ziehe ich Altötting bei weitem vor. Warum?

Altötting ist berühmt, hat aber, wie Andechs, Seeon und Wörth im Staffelsee, eine sehr ambivalente Kraft. Man muss wissen, worauf man sich einlässt!

Das sagt schon die Geschichte: Bereits 748, unter Herzog Tassilo III., wird der Ort urkundlich erwähnt als Amtshof Autinga. Hier stand ursprünglich ein Tempel, der sieben Planetengöttern geweiht war! Von wegen christlich. Erst Missionsbischof Rupert von Salzburg machte hier Anfang des 8. Jahrhunderts eine christliche Kirche daraus …

Die »Taufkapelle« selbst, das Hauptheiligtum, ist ein Oktogon, also Achteck, innen schwarz gehalten, der Rest silbern. Das erinnert an das Dekor von Särgen. Und dies ist beabsichtigt. Werden hier doch in silbernen Behältern die Herzen verstorbener Herrscher aufbewahrt.

Wie gut, dass die vielen Beter nicht einmal ahnen, auf welchem Boden sie stehen und welche Kräfte hier wirken. Die Strahlung in dem Raum lässt sich sogar mit groben technischen Geräten messen, die Luft scheint komprimiert!

Wer hier steht, spürt wirklich das sich kreuzende Strahlungsgitter und die Kraft der Quellen. Vorsicht, hier waltet das, was eher »schwarze Magie« genannt werden muss. Eine Kraftlinie führt senkrecht in die Erde hinein.

So bewirkt der Ort gleichzeitig Heilung und Niedergeschlagenheit. Es herrscht eine eigenartige Mischung aus devoter Unterwürfigkeit, Wundersucht und »Altöttinger Katholizismus«, die mit echter Demut und Gottvertrauen nicht immer so viel zu tun haben.

Draußen vor der Taufkapelle, etwas links vom Eingang, finden Sie einen positiven Platz. Wer Magie des Ortes wirklich begreifen will, soll sich die Pilger anschauen.

Es können nicht alle magischen Orte in diesem Buch vorgestellt werden. Daher hier weitere, die der Autor dem erlebnishungrigen Leser nahe bringen will, in einer kurzen Übersicht:

Augsburg, Synagoge (unter der Kuppel!)
Bayreuth, »Heiliger Hügel«
Bodensee, Lindauer Hafenanlage

Burghausen, Burg
Burg Lauenstein im Frankenwald
Coburg, Veste
München Hofgarten, mittiger Rundtempel
Nördlingen, »Daniel«
Nürnberg, Burganlage
Pommersfelden, Schloss Weißenstein
Rödental, Schloss Rosenau, Schlosspark
Schlehdorf am Kochelsee mit Walchenseekraftwerk
Staffelstein, Vierzehnheiligen und Kloster Banz
Wunsiedel, Felsenlabyrinth

Und viele weitere magische Orte werden Sie im Laufe Ihres Lebens selber finden!

Eine Danksagung am Ende …

Für das vorliegende Buch möchte ich keinesfalls versäumen, den liebenswerten drei Frauen zu danken, die ich während der Recherchen zu diesem Buch an verschiedenen magischen Plätzen kennen lernen durfte.

Ohne so manchen weisen Rat der klugen Frauen, wohin ich denn gehen solle, um »fündig« zu werden, hätte der Text so nicht entstehen können. Es sind eine Frauenärztin, eine Gärtnerin, die auf Heilkräuter spezialisiert ist, und eine promovierte Chemikerin.

Die Tipps, wie sie in das vorliegende Buch Eingang fanden, schulen den Leser, einen magischen Platz selber zu suchen, sich von der »Anziehung« treiben und leiten zu lassen … und sich beim Finden zu freuen.

Falls Sie die Reste von Ritualen sehen, zerstören sie nichts. Wer sich hier – meist nachts – versammelt, tut nichts anderes als die Natur heilig zu halten und zu ehren, jeder ist der Schöpfung sehr nahe.

Zumeist geht es an magischen Plätzen doch immer um die Liebe, manchmal aber auch um etwas anderes. Also Vorsicht! Man spürt die Stimmung und »Weihe« der Stätte sofort.

Diese Zeilen entstanden übrigens auf der »Eggstätter Seenplatte« unweit Rosenheim und Bad Endorf, genauer: am kleinen Einbessee, dort irgendwo rechts hinauf, der Nase nach – schon taucht sie auf, die liebevoll angelegte Kultstätte.

Was aber ich von »weisen Frauen« im Laufe der Jahre und während der Entstehung dieses Buches erfahren durfte, passt in kein geschriebenes Werk. Der Leser indes möge die »Schwingung« aufnehmen und weitertragen.
Danke für die vielen schönen Stunden!

Mariä Himmelfahrt 1999
Fritz Fenzl

Literaturverzeichnis

Amtlicher Führer »Befreiungshalle in Kelheim«, bearb. v. Manfred F. Fischer. Wolnzach o. J.

Braden, Gregg: Das Erwachen der neuen Erde (Die Rückkehr einer vergessenen Dimension). Freiburg 1999.

Der Bamberger Dom (Text Steinert / Fotos Limmer). Königstein / Ts. 1991.

Dewiel, Lydia / Rasp, Hans-Peter: Oberbayern. Kunstführer zwischen Donau und Alpen. München 1989.

Die Burg Schwaneck. Hrsg. v. Kreisjugendring München-Land.

Die Kelten in Bayern (Hefte zur Bayerischen Geschichte und Kultur, Band 15). München 1993.

Dimde, Manfred: Die Heilkraft der Kirchen. Landsberg a. Lech 1998.

Dimde, Manfred: Die Heilkraft der Pyramiden. Landsberg 1997.

Exerzitienhaus Fürstenried (= Schnell Kunstführer Nr. 1238). München 1981.

Fenzl, Fritz: Münchner Stadtsagen. München 1992.

Fenzl, Fritz: Wunder in Bayern. München 2. Aufl. 1998.

Frissell, Bob: Zurück in die Zukunft / Vorwärts in die Vergangenheit. (Die MER KA BA), Peiting 1996.

Hootz, Reinhardt (Hrs.): Deutsche Kunstdenkmäler. Bayern. München 1967.

Janota, Johannes: Das »Wessobrunner Gebet«, in: Handbuch der Literatur in Bayern, hrsg. v. A. Weber. Regensburg 1987.

Kybalion (Studie über die hermetische Philosophie). Ohne Verfasserangabe. »Akasha«, Heidelberg 1981.

Lechner, Odilo OSB: Sehnsucht nach dem Geheimnis. Rosenheim 1992.

Luczyn, David: Magisch reisen – Deutschland. München 1991.

Merz, Blanche: Orte der Kraft. Aarau / Schweiz 1999.

Monroe, Douglas: Merlyns Wiederkehr, Freiburg im Breisgau 1999.

Neumann, Erich: Inspirationen aus der Vorzeit (= Edition Meson 18 »Efodon«). Hohenpeißenberg 1997.

Pfister, Peter / Ramisch, Hans: Der Dom zu Unserer Lieben Frau in München. München 4. Aufl. 1994.

P. Renner, Frumentius OSB.: Christi gewaltige Macht. Abensberg 1997.

Sand, Ingrid: Warum man beim Teufelstritt verweilen sollte. In: Münchner Palette, Frühling 1999.

Schloß Mespelbrunn. Heidelberg 1998.

Stangl, Anton: Pendeln. Düsseldorf und Wien 1998.

Thankirchen. Text v. Pfarrer Erwin Wild. Wangen i. Allg. 1977.

Tiefenbach (= Schnell Kunstführer Nr. 1436). Passau 1983.

Wessobrunn (= Schnell Kunstführer Nr. 526). Regensburg 1995.

3. Auflage 2001

© 2000 Rosenheimer Verlagshaus GmbH & Co. KG,
Rosenheim

Titelfoto: Florian Werner, Riegsee-Hagen
Kartenskizze S. 10/11: Sebastian Schrank, München
Layout und Satz: VerlagsService Dr. Helmut Neuberger
& Karl Schaumann GmbH, Heimstetten
Druck und Bindung: Wiener Verlag, Himberg
Printed in Austria

ISBN 3-475-53036-8

Die Angaben über die Erreichbarkeit der »magischen
Orte« mit öffentlichen Verkehrsmitteln beruhen größten-
teils auf dem Kursbuch der Deutschen Bahn AG
1999/2000. Bitte beachten Sie, dass sich hier – oft kurz-
fristig – Änderungen ergeben können (Einstellung von
Bahnstrecken oder Buslinien, Änderung des Laufweges
von Buslinien, Einstellung des Wochenendverkehrs u. ä.),
und holen Sie vor Abfahrt Fahrplaninformationen ein.